C.H.BECK WISSEN

Ludwig XIV. war 72 Jahre lang König von Frankreich und ist in dieser Zeit zum Inbegriff einer absolutistischen Herrschaft und Hofkultur geworden. Mark Hengerer erzählt das Leben des Königs von der Regentschaft der mächtigen Kardinäle Mazarin und Richelieu während seiner Kindheit über die Durchsetzung einer autokratischen Herrschaft bis zum Krieg um das spanische Weltreich. Er beschreibt das glanzvolle Leben am Hof von Versailles, die politische Bedeutung von Kunst und Kultur sowie die Macht der Ehefrauen und Mätressen.

Mark Hengerer ist Professor für Geschichte der Frühen Neuzeit an der Ludwig-Maximilians-Universität München. Er hat zahlreiche Veröffentlichungen zur Sozial- und Kulturgeschichte der Frühen Neuzeit vorgelegt, darunter vor allem *Kaiserhof und Adel* (2004), *Kaiser Ferdinand III.* (2012) und als Mitherausgeber *Les funérailles princières en Europe* (2012, 2013, 2015).

Mark Hengerer

Ludwig XIV.

Das Leben des Sonnenkönigs

Verlag C.H.Beck

Mit 12 Abbildungen, 1 Karte und 1 Stammtafel

Originalausgabe

Satz: Fotosatz Amann, Memmingen
Druck und Bindung: Druckerei C.H.Beck, Nördlingen
Reihengestaltung: Uwe Göbel, München
Umschlagabbildung: Gaspard Rigaud, Porträt Ludwigs XIV.,
Galleria degli Uffizi, Florenz © akg-images/De Agostini Picture Library/
A. Dagli Orti
Printed in Germany
ISBN 978 3 406 67551 5

www.beck.de

Inhalt

Ein junger König in der Pose des Triumphes über die Fronde: Ludwig zu Pferd, mit Rüstung, Siegerkranz und Friedenszweig. Gemälde von Jean Nocret (?), um 1653

I. Kindheit und Königtum in Frankreich (1638–1648)

1. Geburt und erste Lebensjahre

Kein Sonnenkönig wurde im Frankreich der späten 1630er Jahre erwartet, sondern endlich nur die Geburt eines Thronfolgers. Die Zeiten waren schwierig: Seit etwa zwei Jahrzehnten hatte das Land kaum ein Jahr gesehen, in dem die Krone nicht damit beschäftigt war, einen Aufstand niederzuschlagen. Seit 1635 stand das Land außerdem an mehreren Fronten im offenen Krieg mit der Weltmacht Spanien und dessen Verbündeten. Auch ein erfolgreich geführter Krieg kostete Geld, das heißt Steuergelder. Trotz des relativ großen Wohlstands des Landes fiel es schwer, diese einzutreiben. Die Temperaturen fielen in der Mitte des 17. Jahrhunderts so erheblich, dass die Ernten schlechter ausfielen als gewöhnlich. Dies traf die Bauern und die städtische Wirtschaft.

Noch mehr Schwierigkeiten waren da wenig willkommen, auch nicht die heftigen politischen Verwerfungen, die für den Fall zu erwarten waren, dass der gesundheitlich angeschlagene Ludwig XIII. (1601–1643) kinderlos sterben würde. Zwar würde nach dem Salischen Recht dessen jüngerer Bruder, Gaston von Orléans (1608–1666), die Nachfolge antreten. Gaston hatte sich allerdings an mehreren Verschwörungen und Rebellionen gegen Ludwig XIII. und dessen führenden Minister Richelieu beteiligt und damit gezeigt, dass er die «Ruhe der Untertanen» nicht über seinen eigenen Ehrgeiz stellte. Überdies hatte auch Gaston zu diesem Zeitpunkt keinen thronfolgeberechtigten Sohn. Der zweite in der Thronfolge war Ludwigs Vetter zweiten Grades, Heinrich II. von Bourbon-Condé (1588–1646). Dieser hatte Söhne und beträchtlichen Ehrgeiz: den älteren Sohn, der bei seiner Geburt an dritter Stelle der Thronfolge stand, nannte er nicht zufällig Ludwig (1621–1686): Dies war der Name Ludwigs IX. (1214–1270), des Stammvaters der regierenden und seiner eigenen Linie der Bourbonen, eines Ahnen, der als Herrscher und als Heiliger – *Saint Louis* – besonders verehrt wurde.

Dass es um den Thron Ludwigs XIII. derart eng geworden war, hatte seine Gründe. Mit dem Zweck einer französisch-spanischen Annäherung wurde Ludwig XIII. bereits 1615 mit der nur wenige Tage älteren spanischen Prinzessin Anna von Österreich (1601–1666) verheiratet; eine engere persönliche Zuneigung entwickelte sich nicht. In den frühen 1620er Jahren war Anna zwar wiederholt schwanger, erlitt aber mehrere Fehlgeburten. Dies belastete die Beziehung, zumal die beiden unter erheblichem Erwartungsdruck standen: Schon 1624 schrieb Richelieu: «ein Thronfolger ist für Frankreich nötig». Dass dieser auf sich warten ließ, lag nicht zuletzt daran, dass Ludwig XIII. und Richelieu sich gegen Spanien stellten; dieser Richtungswechsel ließ Anna als Tochter des spanischen Königs Philipp III. (1578–1621) zum politischen Störfaktor werden und machte ihre Korrespondenz mit spanischen Verwandten verdächtig. Schon seit den frühen 1620er Jahren lebten Ludwig XIII. und seine Frau unfreundlich distanziert nebeneinander her.

Wenn Ludwig XIII. und Anna von Österreich ihre emotionale und politische Distanz auch bis an ihr Lebensende wahrten, so war ihnen doch klar, dass ihre Kooperation erforderlich war und das Problem ihrer Kinderlosigkeit durch Wallfahrten und Gebete für einen Thronfolger allein nicht gelöst werden würde. Die wenigen Vertrauten des Königs wurden nicht müde, ihn zur Erfüllung seiner Pflicht zu drängen, Richelieu nicht und auch seine platonische Geliebte nicht, Louise Angélique Motier de La Fayette. So gab das Königspaar denn nach und wich einander nicht aus, als sich ihre vor allem nachts getrennten Wege Ende Oktober 1637 in Saint-Germain-en-Laye und Anfang Dezember im Louvre in Paris kreuzten. Im Januar 1638 stellte der Arzt die Schwangerschaft der Königin fest, am Ende des Monats wurde dies in der Zeitung publiziert.

Als am 5. September 1638 der lang ersehnte Thronfolger geboren wurde, war die Erleichterung groß. Die Geburt war ein Staatsakt. Sie fand im westlich von Paris an der Seine gelegenen

Schloss von Saint-Germain-en-Laye unter den Augen von immerhin so vielen Zeugen statt, dass die Vermutung einer simulierten Schwangerschaft und eines untergeschobenen Kindes kaum Anhänger fand. Bei Hof zog niemand die eheliche Geburt offen in Zweifel. Ludwig XIII. kam erst hinzu, als das Kind schon geboren war. Gaston von Orléans hingegen, zu diesem Zeitpunkt 30 Jahre alt, war bei der Geburt anwesend und offensichtlich in der Hoffnung auf seine eigene Thronfolge bitter enttäuscht, als die Hebamme verkündete, das Kind sei ein Junge.

Die ersten etwa sechs Lebensjahre verbrachte der Kleine in der Obhut seiner Mutter und ihres Hofes. Wie in gehobenen Kreisen einschließlich des Bürgertums üblich, stillte eine Amme statt der Mutter den Säugling. Dass mehrere Ammen nacheinander dieses Amt versahen, wurde diplomatisch als Warnhinweis gedeutet: Frankreichs Nachbarn sollten sich ob so frühzeitiger Gier in Acht nehmen. Einstweilen musste freilich der Säugling bluten: Schon am 20. Mai 1639 wurde er erstmals zur Ader gelassen.

An den Alltag des Herrscherdaseins, an das Befehlen und Annehmen von Diensten, wurde das Kind schon früh dadurch gewöhnt, dass es seit dem Abstillen im September 1640 beim Essen bedient wurde. Die Repräsentativität von Säugling, Kleinkind und Kind war wichtig auch deshalb, weil der Thronfolger, so die offizielle Deutung der Situation, bereits hohen Besuch «empfing», bis hinauf zum leitenden Minister, Kardinal Richelieu. Bereits am Tag nach der Geburt kam eine Delegation hoher Gerichtshöfe des Landes zum Thronfolger, vor allem des «Parlaments» von Paris, dessen Mitglieder nicht gewählt wurden und das kein Parlament im modernen Sinne war. Später kamen Vertreter der Stände der Bretagne und mehrere Botschafter: diejenigen Englands, der Niederlande, Maltas, des Papstes, des Großherzogs der Toskana und Portugals sowie weitere Gesandte machten im Schloss von Saint-Germain-en-Laye ihren Besuch, noch ehe der Thronfolger drei Jahre alt war.

Die religiöse Erziehung setzte gleichfalls früh ein und bereitete auf die kommenden führenden Funktionen vor: Am Gründonnerstag 1643 half der Thronfolger bei der rituellen Nachahmung des letzten Abendmahls bei der Waschung der Füße armer Menschen. Dieser Akt der Demut gehörte zur Idee eines katholischen Königs, denn er führte vor, dass der höchste Rang einer Gemeinschaft nur als Dienst an ihren Geringsten richtig ausgefüllt war. Ludwig hatte am Tag seiner Geburt lediglich die Kindstaufe erhalten, eine Salbung mit dem Wasser des Taufbeckens der Pfarrkirche von Saint-Germain-en-Laye. Die Namenstaufe folgte erst am 21. April 1643 in der Kapelle des dortigen Alten Schlosses. Die Wahl der Taufpaten klärte die politische Lage des Jungen: Es waren Charlotte Margarete von Montmorency (1594–1650), die Ehefrau des bereits genannten und zu diesem Zeitpunkt auf Rang vier der Thronfolge stehenden Heinrich II. von Bourbon-Condé, und Kardinal Julius Mazarin (1602–1661); er stammte ursprünglich aus dem Kirchenstaat und fungierte seit dem Tod Richelieus 1642 als Erster Minister. Das Kind benötigte die Unterstützung, nicht die Konkurrenz der mächtigen entfernten Verwandten, und es brauchte die besondere Verbundenheit dessen, der die Geschäfte des Königreiches führte. Die Taufe gab zudem Anlass zu einer bereits von den Zeitgenossen zu einer Anekdote verdichteten Begebenheit. Der Vierjährige soll auf die Frage des todkranken Ludwigs XIII. nach seinem Namen geantwortet haben: «Ludwig XIV.» Die Ordnungszahl indes zählt Könige, nicht Prinzen, setzte also den Tod des fragenden Vaters voraus. Dieser soll denn auch geantwortet haben: «Oh! Noch nicht, mein Sohn, aber das kann bald eintreten, wenn Gott will.»

Eine engere persönliche Beziehung zum Vater hatte in dieser Zeit nicht entstehen können, obschon Ludwig XIII. sich seit 1638 für seine Verhältnisse recht lang bei seiner Familie in Saint-Germain-en-Laye aufgehalten hatte. In seinem kleinen Jagdschloss Versailles hingegen wollte er seine Familie mit dem zugehörigen weiblich dominierten Hofstaat nicht haben: zu viele Frauen für seinen Geschmack. Andererseits beklagte er sich 1640 darüber, dass sein Sohn Angst vor ihm habe. Ludwig XIII. wiederum hatte Angst vor seinem eigenen Bruder und traf deshalb Vorsorge zum Schutz seines Sohnes vor dessen in der Thronfolge nach hinten gerückten Onkel. Dieser durfte mit seinem Neffen nicht allein sein, ihn aber auch nicht

Ludwig XIV. im Jahr der Thronfolge 1643: Das nur wenig idealisierte Bronzeporträt von Jacques Sarrazin, das Ludwigs Mutter in Auftrag gab, wurde sofort berühmt. Es befindet sich heute im Louvre.

mit so vielen seiner Leute besuchen, dass sie ihn hätten entführen können.

Wenn den Sohn mit dem Vater auch keine enge emotionale Beziehung verband, so war für Ludwig XIV. die Erinnerung an Ludwig XIII. doch wichtig: Seine Politik des inneren und äußeren Ausbaus königlicher Herrschaft sollte der seines Vaters gleichen. Sein eigenes Schloss Versailles baute er als Vergrößerung des väterlichen Versailles; dessen damals schon etwas altmodische hofseitige Fassade aus Back- und Sandstein ist bis heute sichtbar. Auch andere Bauten beziehen sich auf den Vorgänger: Im Februar 1638, noch im Anfangsstadium der Schwangerschaft seiner Frau, hatte Ludwig XIII. den Neubau des Hochaltars der Kathedrale *Notre Dame* von Paris gelobt, als er sich, seine Familie und sein Land zum Dank für die Abwendung einer militärischen Niederlage gegen Spanien Maria geweiht hatte. Dieses mit großem Pomp zelebrierte Gelübde hatte sich in der Wahrnehmung vieler Zeitgenossen mit den Bitten um die Geburt eines Thronfolgers vermischt und der Geburt Ludwigs XIV. eine religiöse Dimension gegeben. Ludwig XIII. erfüllte sein Gelübde zu Lebzeiten nicht mehr; sein Sohn tat dies und setzte seinen Eltern und sich selbst ein figürliches Denkmal in der Hauptkirche der Hauptstadt seines Landes.

Ludwig XIII. starb am 14. Mai 1643 in Saint-Germain-en-Laye. Seinen beiden Söhnen – am 21. September 1640 war ein zweiter Sohn, Philippe, geboren worden – hatte man am 10. Mai den im Sterben liegenden Vater schlafend gezeigt und sie aufgefordert, sich das Bild gut einzuprägen. Durch den Tod des Königs wurde sein noch nicht fünfjähriger ältester Sohn Ludwig ohne weiteres – insbesondere ohne Krönung – König Ludwig XIV. von Frankreich und Navarra.

2. Die Monarchie und die Regentschaft der Mutter

Was mit dem Königtum in diesem Jahr 1643 an Problemen und Perspektiven verbunden war, verdeutlichen besonders klar zwei Testamente: das weiter unten zu behandelnde Testament Ludwigs XIII. und das politische Testament Richelieus. Letzteres richtete sich zwar an den noch eine Weile lebenden Ludwig XIII. und war als Denkschrift eines vielbeschäftigten Ministers nicht allein von ihm verfasst. Es überdauerte den Tod Richelieus und Ludwigs XIII., denn Richelieu hatte seinen eigenen Nachfolger in der Funktion des leitenden Ministers selbst ausgewählt, eingeführt und gefördert: Mazarin, zugleich Pate Ludwigs XIV., beerbte gleichsam beide, Richelieu und Ludwig XIII., sowie mit ihnen Analyse und Auftrag des politischen Testaments Richelieus.

Obwohl in der Vergangenheit mancher Herrscher Wert darauf gelegt hatte, König der Franzosen zu sein, so Richelieu, waren französische Könige korrekterweise die Könige Frankreichs. Diese Unterscheidung war keine Haarspalterei, denn Frankreich war für die politische Elite ein System von Ordnung. Der neue Begriff dafür war «Staat».

Der König war in erster Linie Frankreich verpflichtet, zwar auch dem Gemeinwohl, aber eben nicht in erster Linie dem Volk, dem *peuple*. Dies solle, so Richelieu, in den Schranken des Gehorsams gehalten werden, arbeiten und Steuern zahlen. Gleichwohl sei die Steuerlast gegenwärtig zu hoch. Prosperieren könne das an sich reiche, ja opulente Land nur, wenn sowohl die Steuern als auch die Staatsausgaben gesenkt würden.

In den Staatsfinanzen sah Richelieu eines der Kernprobleme Frankreichs. Die gewöhnlichen Steuereinnahmen reichten für die Finanzierung der Kriege – auswärtige Kriege und Bürgerkriege – schon unter den Vorgängern nicht aus. Die Lücke schlossen Finanziers: «Blutegel». Der König bekam von ihnen bares Geld, sie refinanzierten sich durch die Einziehung verschiedener Steuern und zweigten dabei erhebliche Summen für sich ab. Diese «Diebereien», so Richelieu, schadeten dem Staat und ließen ihn verarmen. Darüber hinaus besetzten die privaten Finanziers Stellen im staatlichen Finanzapparat, und es gelang ihnen «mit dem Geld des Königs», die soziale Grenze zum Adel zu durchbrechen. Sie bzw. Mitglieder ihrer Familien heirateten bis hinauf in die «besten Häuser des Königreiches». Richelieu empfahl daher zweierlei: Frieden zur Senkung des durch innere und äußere Kriege verursachten Geldbedarfs und eine Reform des Finanzwesens.

Ein weiteres zentrales Problem Frankreichs sah Richelieu in der Interessenpolitik Spaniens. Besonders belastend war die «Tyrannei des Hauses Habsburg», also der spanischen und der österreichischen Habsburger, denen zusammen fast alle Nachbarländer auf dem Kontinent gehörten: Neben Spanien waren dies die Spanischen Niederlande (in etwa das heutige Belgien und Luxemburg), die Freigrafschaft Burgund, das Herzogtum Mailand und Süditalien. Im Osten standen hilfreich die österreichischen Habsburger, nicht nur Könige von Böhmen und Ungarn, sondern mit eigenen Territorien im Elsass und in Tirol versehen und überdies mit der Kaiserkrone.

Die Zeit für den Frieden, den Richelieu anstrebte, war *nach* einer Niederlage der Habsburger. Diese sollte so schwer sein, dass Frankreich keinen militärischen Angriff und keine weitere spanische Einmischung in die französische Innenpolitik mehr würde fürchten müssen.

Ein drittes wesentliches Problem Frankreichs war sein Adel. Er machte durch deregulierte Gewalt auf sich aufmerksam, Gewalt gegenüber seinen eigenen Untertanen, Gewalt untereinander in zahllosen Duellen, Gewalt gegen die königliche Gewalt. Am wenigsten fiel noch die Verarmung weiter Teile des Landadels selbst ins Gewicht. Problematischer war die politische und ökonomische Abhängigkeit weiter Teile der niederen Adelsschichten vom hohen Adel. Diese Klientelverhältnisse trugen dazu bei, dass der vom kleinen Adel unterstützte Hochadel leicht Truppen aufstellen und ganze Regionen so lange unregierbar machen konnte, bis die königliche Armee aufmarschierte. Dann wurde so lange gekämpft, bis angesichts der militärischen Überlegenheit der Armee ein Kompromiss zwischen den «Großen» (*les Grands*) und der Krone gefunden wurde, zu dem die Begnadigung der Rebellen gehörte. Die ersten beiden Jahrzehnte der Regierungszeit Ludwigs XIII. waren von diesem Konfliktmuster geprägt. Eine vollständige Niederlage mit Bestrafung der Großen war seltener. Der berühmteste Fall war die Hinrichtung des Herzogs Henri II. von Montmorency (1595–1632), der den Bruder des Königs bei einer Revolte im Südwesten Frankreichs unterstützt hatte. Solche Abschreckung beseitigte allerdings nicht die strukturellen Ursachen der Adelsrevolten. Dem niederen Adel musste aus seiner wirtschaftlichen Enge herausgeholfen werden, am besten durch Stellen in der Kirche und in der Armee; die Großen hingegen musste man dahingehend «disziplinieren», dass sie «die öffentlichen Interessen den eigenen vorzogen».

Ein Problem, das Staatsfinanzen, Krieg und Adel verband, war die Käuflichkeit und Erblichkeit von Ämtern der königlichen Verwaltung. Sie betraf eine sehr große Zahl von Stellen im Militär, bei Hof, in der Justiz, in der Finanz- und der allgemeinen Verwaltung. Der Preis für neu geschaffene Stellen ging an den König. Deshalb wurden immer mehr Stellen eingerichtet, zum großen Ärger derer, die bereits Ämter gekauft hatten. Einmal erworben, ließen sich diese weiterverkaufen oder gegen

Zahlung einer Steuer (die berühmte 1604 eingeführte *Paulette*) in Höhe von jährlich 1/60 des Preises des Amtes vererben. Das System brachte der Krone Einnahmen und hatte, so Richelieu, einige andere Vorteile: Geld, nicht die Macht der Großen entschied über den Zugang zu Ämtern. Wenn Rechtsprechung so auch käuflich werde, sei das Risiko, bei schwerwiegendem Amtsmissbrauch das Amt zu verlieren, doch eine gute Sicherheit für die Treue der Amtsinhaber; reiche Amtsinhaber seien zudem externem Druck weniger ausgesetzt. Die Erblichkeit wiederum verhindere, dass die Zuteilung von Ämtern «ein schmutziges Geschäft» werde, und sie erschwere den Großen des Landes den Kauf von Ämtern für ihre eigenen Gefolgsleute. Manche Ämter vermittelten adelige Privilegien, insbesondere Steuerfreiheiten, und, in unterschiedlichen Konstellationen und mitunter über mehrere Generationen, den Status des Adels selbst. Richelieu sprach sich daher dafür aus, deren Zahl durch Rückkauf behutsam zu verringern.

Auch die Ämter in den Gerichtshöfen der verschiedenen Zweige und Instanzen der Justiz waren käuflich und erblich. Insbesondere die obersten Gerichtshöfe der großen Gerichtsbezirke Frankreichs, die sogenannten Parlamente, begnügten sich nicht mit der Rechtsprechung. Sie bestanden auf politischer Teilhabe, die tatsächlich möglich war, weil Texte, die Gesetzeskraft haben sollten, durch das «Registrieren» von den «Parlamenten» förmlich als Teil der normativen Ordnung anerkannt werden mussten. Mit dem Argument, ein Gesetz widerspreche den Grundsätzen der Rechtsordnung Frankreichs, wurde die Registrierung mitunter abgelehnt und mit einer Entgegnung, einer sogenannten Remonstration, an den König zurückgeschickt. Besonderes Gewicht hatte das Parlament in Paris. Einmischung in politische Angelegenheiten verbot der König 1641, doch damit war dieser Konflikt um die Partizipation der Elite der Justiz nicht ausgestanden: «Nichts», so Richelieu, dürfe man von Seiten dieser Kammern hinnehmen, was die «königliche Autorität verletze».

Zu den größeren Problemen gehörte nach Auffassung Richelieus schließlich, dass die auf dem Konzil von Trient (1545–

1563) beschlossene Reform der katholischen Kirche in Frankreich noch nicht durchgreifend die Ebene der Pfarreien und Klöster erreicht hatte. Die katholische Kirche Frankreichs, die sogenannte gallikanische Kirche, war vom Papst weitestgehend unabhängig, dafür aber umso abhängiger vom König. Die Krone nutzte die Ämter der Kirche primär für die Versorgung loyaler Adelsfamilien mit lukrativen Stellen und vergab mit Bistümern, Abteien, Prioraten, Domherrenstellen vor allem deren Einnahmen. Die Besetzung von kirchlichen Stellen war für die Krone folglich Teil des politischen Kalküls. Besonders wichtig war die mit kirchlichen Pfründen erkaufte Adelsloyalität in Regionen, deren lokale Eliten die eigene Autonomie weitaus mehr schätzten als königliche Herrschaft. Erst unter dem Einfluss Richelieus erfolgte die Besetzung der Bischofsstühle mit besonderer Rücksicht auf die Fähigkeit, die Reform der Kirche voranzutreiben, und nicht mehr primär nach klientelpolitischen Erwägungen. Mit Unbehagen sah Richelieu, dass neue religiöse Strömungen wie der Jansenismus die Klostermauern überwanden und Teile der sozialen Elite erfassten.

Es gab also nicht wenige Gegner und Feinde einer starken Monarchie: Habsburger, Finanziers, Hochadelige und ihre Klientel, Gerichtshöfe mit ihren erkauften und erblichen Ämtern, religiöse Kritiker einer Politik der Staatsraison. Was brauchte es, um Richelieus Ziele zu erreichen, nämlich die «Macht» des Königs, seinen Reichtum an Machtmitteln der Staatsgewalt? An erster Stelle einen Sieg über Spanien und sodann nach außen Festungen und befestigte Städte, die Einfälle, wie Frankreich sie 1636 gesehen hatte, militärisch unsinnig machen würden; eine angemessene Kriegsmarine, eine Küstenwache und für das Mittelmeer eine Galeerenflotte, nach innen und außen ein großes stehendes Heer, das zur gleichen Zeit zwei Kriege führen konnte; Beschränkung auf ordentliche Staatseinnahmen und Senkung der Steuern; eine Modernisierung der Wirtschaft mit stärkerer Industrie, stärkerem Außenhandel, stärkerer Handelsmarine nach dem Vorbild vor allem der Niederlande, Englands und Genuas; einen Rückkauf unnötiger Ämter, die unnachgiebige Disziplinierung der Großen und die Versorgung des Adels mit Stellen vor allem in der Armee; die energische Fortsetzung der Reform der Kirche; die Entpolitisierung der Parlamente und der anderen Gerichtshöfe sowie die Etablierung gelegentlicher unmittelbarer königlicher Aufsicht und Rechtsprechung an den regionalen Gerichtshöfen vorbei; die Reform des königlichen Hofes mit dem Ziel der Repräsentativität. Herstellung, Sicherung und Stärkung der Autorität und der Macht des Königs im Dienst des öffentlichen Interesses, des Staates – das war der Auftrag.

Ludwig XIII. hatte ebenfalls ein Testament hinterlassen. Seine Frau, Anna von Österreich, das war praktisch unvermeidbar, würde als Königin Frankreichs während der Minderjährigkeit Ludwigs XIV. Anteil an der Regierung haben. Ludwig XIII. fürchtete, dass sie als geborene Prinzessin von Spanien von der entschieden antispanischen Politik Frankreichs abrücken könnte. Schließlich hatte sie sogar noch im Französisch-Spanischen Krieg in Korrespondenz mit ihren Brüdern gestanden.

Die Fortsetzung des Krieges gegen Spanien erforderte, so das Kalkül, die Schwächung des politischen Einflusses der Regentin auf die Regierung des Landes. Das Mittel der Wahl Ludwigs XIII. war die Zusammensetzung des Regentschaftsrates, ohne den die Königin als Regentin nicht regieren konnte. Dieser konnte bei der richtigen Zusammensetzung maßgeblichen Einfluss ausüben, denn Entscheidungen sollten nach der Mehrheit der Stimmen fallen.

Die Schwierigkeit lag also in der Auswahl der Räte. Die *Grands*, an erster Stelle die Mitglieder der königlichen Familie als gleichsam geborene Ratgeber des Königs, konnten kaum übergangen werden, ohne gleich am Anfang der Regentschaft eine Revolte zu provozieren. Da der Kindkönig Ludwig XIV. nicht selbst an der Spitze seines Heeres für die Anerkennung der königlichen Herrschaft sorgen konnte, war diese bittere Pille zu schlucken; gegenüber der Priorität des Krieges gegen Spanien war das Kleinhalten der Großen sekundär. Also verzieh Ludwig XIII. seinem Bruder Gaston von Orléans auch die allerjüngste Rebellion und sah ihn als Generalleutnant des Königreiches vor; ebenso wurde Heinrich II. von Bourbon-Condé in den

Rat berufen, in dem somit der zweite und der dritte der Thronfolge saßen.

Um trotz der Präsenz der Königin und dieser beiden Großen die Kontinuität der königlichen Politik zu sichern, setzte das Testament Ludwigs XIII. vier Personen aus der Gefolgschaft Richelieus ein: Mazarin, den Staatssekretär für Auswärtiges Chavigny, den Oberintendanten der Finanzen Bouthillier und den Kanzler Séguier. Das Parlament in Paris registrierte diese königliche Erklärung am 21. April 1643. Damit standen die Chancen gut, die Regentin im Rat politisch zu neutralisieren.

Mit diesem Testament hatte sich Ludwig XIII., der seine Frau auch nach der Geburt der beiden Söhne nicht wirklich kennengelernt hatte, allerdings gründlich verrechnet. Anna, lange Jahre durch den König und Richelieu in vielfach demütigender Weise kaltgestellt, wusste, dass jetzt, mit dem Tod ihres Mannes und der Minderjährigkeit Ludwigs XIV., ihre Stunde gekommen war. Sie tat alles, um die alleinige Regentschaft ohne weitere Fremdbestimmung, also ohne Entscheidungen des Regentschaftsrats, zu bekommen: die «volle, ganze und absolute Autorität».

Dazu brauchte sie Hilfe, und zwar an erster Stelle die Hilfe des von Richelieu aufgebauten Mazarin. Obschon Anna von Österreich Richelieu verabscheut hatte, schloss sie mit Mazarin eine politische Allianz, zur Verwunderung der Zeitgenossen. Mazarin kannte die isolierte Königin seit 1632 und hatte durch besondere Aufmerksamkeit und regelmäßige Geschenke trotz seiner Dienste für Richelieu die Beziehung sehr gut gepflegt. Die Mutter und der Pate Ludwigs XIV. konnten sich darauf verständigen, dass für diesen die geschmeidige Realisierung der Ziele Ludwigs XIII. und Richelieus in der Sache das Beste war, trotz der bitteren Erfahrungen der Königinmutter mit diesen beiden Personen.

Zudem brauchte Anna von Österreich die Bereitwilligkeit der vom Testament begünstigten Großen, und diese ließen sich mit der alten Währung der alten feudalen Welt motivieren. Heinrich II. von Bourbon-Condé winkte das Amt des Gouverneurs der Champagne und die Restitution des Schlosses Chantilly, das seinem 1632 hingerichteten Schwager Henri II. von

Montmorency gehört hatte und konfisziert worden war. Gaston von Orléans hoffte auf mehr, auf die Restitution seines Gouverneursamtes in der Auvergne, das Ludwig XIII. ihm zur Strafe für eine Rebellion entzogen hatte, und die Funktion des Generalleutnants konnte er behalten.

Schließlich brauchte Anna von Österreich noch die Hilfe des Pariser Parlaments, denn dieses hatte das Testament Ludwigs XIII. registriert. Das Parlament nutzte die Chance für eine Verbesserung seines staatsrechtlichen Status. Es musste nach dem Tod des alten Königs keinen neuen Treueid auf Ludwig XIV. schwören. Damit war symbolisch klargestellt, dass die Mitglieder nicht vom König persönlich abhängig waren, sondern dass die Kammer eine gewisse Eigenrechtlichkeit besaß. Die Ungültigmachung des königlichen Testaments und die Deklaration der Regentschaft der Königinmutter erforderten zudem die Abhaltung der wichtigsten politischen Zeremonie des Landes, eines *Lit de Justice*. Die Bezeichnung als «Gerichtsbett» ist darauf zurückzuführen, dass der König bei dieser besonderen Sitzung des Parlaments auf einem großflächigen Thron saß, der über mehrere Stufen hinauf so hoch reichte, dass der Eindruck entstand, der König liege auf einem Bett. Das *Lit de Justice* löste das Problem, das entstand, wenn ein Parlament eine königliche Entscheidung nicht anerkennen wollte: Traten der König, die königliche Familie, die *Pairs de France* und die im Parlament zusammentretenden Mitglieder der obersten Gerichtshöfe in dieser ritualisierten Form zur Beratung zusammen, dann war dem im Mittelalter anerkannten Anspruch, dass der König seine Ratgeber anhören müsse, Genüge getan. Hatte das Parlament in dieser Form das Gehör des Königs gefunden, musste es seine Entscheidung annehmen und das Gesetz registrieren.

Wenige Tage nach dem Tod Ludwigs XIII. wurde sein vierjähriger Nachfolger am 15. Mai 1643 erstmals nach Paris gebracht, wo man ihn in Volksfestlaune empfing. Er wohnte im alten Königsschloss in der Stadt, im Louvre. Schon am 18. Mai 1643 hielt Ludwig XIV. sein erstes *Lit de Justice* ab. Es erhöhte die Bedeutung dieses Ereignisses, dass der kleine König zuvor am Morgen die Messe in der *Sainte-Chapelle* hörte, die von seinem Ahnen *Saint Louis* für die Aufbewahrung einer, so glaubte man, Reliquie der Dornenkrone Christi erbaut worden war. Erst nach dieser Messe fand das *Lit de Justice* statt. Ob Ludwig XIV. wirklich den Eröffnungssatz für die Sitzung sprach oder nicht, darüber gehen die Interpretationen der Quellen auseinander. So oder so erging sich die feierliche Versammlung in Begeisterung für den Kindkönig, und es waren ja auch vorerst alle zufrieden: Die Großen des Adels und das Parlament waren einverstanden, dass man die Bestimmungen Ludwigs XIII. für die Regentschaft aufhob und dass Anna von Österreich nun durch Ludwig XIV. zu einer Regentin erklärt wurde, die ihren Rat selbst besetzen konnte. Dem Parlamentspräsidenten, der in seiner Ansprache das Recht der Remonstration erbat, wurde nicht widersprochen. Das würde Ludwig XIV. später selbst tun müssen.

Dieses *Lit de Justice* sollte das Leben Ludwigs XIV. in entscheidender Weise beeinflussen. Es reaktivierte die Hoffnung auf die Rückkehr zu den Verhältnissen vor der Zeit Ludwigs XIII. und Richelieus: Die *Grands* konnten ihre Kooperation mit der Krone erneut unter den Vorbehalt von beehrenden, bereichernden und ermächtigenden Gegenleistungen stellen. Dementsprechend bauten sie Drohpotenziale auf, die alten politischen und militärischen Gefolgschaften. Das Pariser Parlament, aber auch andere Parlamente, verhielten sich wieder wie Repräsentanten des Landes und machten sich erneut an die Prüfung der Konformität der königlichen Gesetze mit dem alten Herkommen.

Nach diesem Richtungswechsel erwartete man, dass die Regentin Mazarin als Verkörperung des Willens Ludwigs XIII. und Richelieus in der politischen Versenkung verschwinden lassen würde. Stattdessen ernannte sie ihn noch am selben Tag zu ihrem Ersten Minister. Heinrich II. von Bourbon-Condé zog sich frustriert aus dem Rat zurück, als er merkte, dass er neben Mazarin keine Rolle spielte. Einen der Großen, Franz von Vendôme (1616–1669), den Sohn eines unehelichen Sohnes Heinrichs IV., brachte der Plan, Mazarin gewaltsam zu beseitigen, schon im Sommer 1643 ins Gefängnis. Die Kooperation mit den Großen und mit dem Parlament erwies sich als Finte, die der Königin ermöglichen sollte, die Politik des Ausbaus der Staatsgewalt in der freien Hand des Königs fortzusetzen. Der Preis, den Anna von Österreich den Großen und dem Parlament dafür gezahlt hatte, machte diesen allerdings klar, dass Widerstand gegen die Krone sich wieder lohnen konnte. Was nur ein politischer Kunstgriff der Königinmutter hätte sein sollen, war ein wichtiger Wendepunkt der Politik des Landes auf dem Weg zum großen Aufstand gegen die Staatsgewalt der Jahre 1648 bis 1652, der sogenannten *Fronde*.

3. Die Formung des jungen Königs

Der kleine Ludwig hatte sich, darüber bestand Einigkeit, bei den Zeremonien beeindruckend gut gehalten. Das war wichtig, denn fortan stellte ihn der Hof in zahlreiche symbolisch und rechtlich relevante Situationen. So erlernte er das Ritual der Entgegennahme des Treueversprechens schon 1643, kurz bevor er fünf Jahre alt wurde. Neue Träger höchster Ämter leisteten nach altem Brauch ihren Amtseid persönlich; der erste dieser lebenslangen Reihe war Ende August 1643 der Erste Präsident des Parlaments von Bordeaux. Es folgten im September der künftige Hauptmann der königlichen Leibwache und im November zwei Marschälle von Frankreich; einem von ihnen, Turenne, verdankte Ludwig XIV. später so viele Siege, dass er ihn in der königlichen Grabeskirche, in Saint-Denis, beisetzen und dort mit einem großen Grabdenkmal ehren ließ. 1644 schwor ihm sein Onkel Gaston den Treueid als Gouverneur des Languedoc und sein Vetter vierten Grades, Louis II. von Bourbon-Condé, den Treueid als Gouverneur der Champagne. Als König verlieh er die Bistümer und Abteien und empfing den Treueid der neuen Würdenträger. Er übergab auch den vom Papst ernannten neuen Kardinälen, die der Kirche Frankreichs zugeordnet waren, das Zeichen ihrer Würde, den roten Hut. Ludwig XIV. lernte so von klein auf die wichtigsten Amtsträger seines Landes kennen. Einer langen Reihe von hohen Adeligen erwies er fortan zudem die Ehre seiner Anwesenheit bei den hohen Festen ihres Lebenszyklus: Schon als Vierjähriger war er Gastgeber einer Hochzeitsfeier und seit seiner Kindheit stärkte er als Taufpate für Kinder nicht nur von Adeligen Bindungen zur Krone.

Diplomatische Vertreter traf Ludwig XIV. bald nach seiner Thronbesteigung. Erst kamen sie über Monate hinweg, um zum Tod seines Vaters zu kondolieren, fortan statteten die vielen Botschafter und Residenten dem König ihre offiziellen Antritts- und Abschiedsbesuche ab. Selbst kleine und ferne Fürsten und Staaten entsandten Vertreter zum König von Frankreich: Bayern, Württemberg, Kurköln, Mantua, Parma, Malta, Genua, Venedig, Savoyen, Portugal, Polen, Dänemark, Schweden und viele mehr. Zum diplomatischen Verkehr kamen früh förmliche Verpflichtungen: 1644 aß Ludwig mit dem englischen Botschafter und unterzeichnete abends selbst die Verlängerung des französisch-englischen Allianzvertrages.

Die religiöse Erziehung konnte als königliche Repräsentation weitergeführt werden. Ludwig XIV. hörte täglich eine kurze Messe, aber auch lange Predigten wie die am Beginn der Fastenzeit. Die Fußwaschung am Gründonnerstag vollzog Ludwig in den nächsten Jahren an armen Kindern. Er besuchte nach und nach die wichtigsten Kirchen und Klöster von Paris und begleitete seine Mutter mehrfach zu dem von ihr errichteten Kloster Val-de-Grâce. Er nahm unter den Augen der Öffentlichkeit an Prozessionen teil und fand sich zu kirchlichen Hochfesten meist in den Hauptkirchen der Stadt ein. Ludwig XIV. hielt an der von seiner Mutter erlernten und stark habsburgisch beeinflussten Frömmigkeitsform der Gegenreformation im Grundsatz lebenslang fest.

Die militärische Erziehung setzte ebenfalls früh ein. Im April 1644 exerzierte vor den Augen des Fünfeinhalbjährigen sein eigenes Wachregiment. Ein paar Tage später beobachtete Ludwig die Übungen seiner Schweizer Garde und lernte noch etwas hinzu, die *Revue:* die Prüfung der aufgereiht marschierenden Soldaten, der Kleidung, Bewaffnung, Kampfeignung. Die herausragende Bedeutung des Militärs hatte der König schon kurz nach seiner Thronbesteigung erfahren. Ende Mai 1643 wurden ihm die Flaggen der in der Schlacht von Rocroi (in den südlichen Ardennen) vernichtend geschlagenen spanischen Armee präsentiert; im September beglückwünschte er im Louvre den Kommandeur Louis II. von Bourbon-Condé. Wichtige Siege beging der Hof mit der kirchlichen Zeremonie des Lobgesangs, dem *Te Deum laudamus*. Schon 1644 war Ludwig XIV. in der Kathedrale von Paris bei einem *Te Deum* zugegen, aus Anlass der Eroberung von Gravelingen in Flandern, und die letzten Jahre des Dreißigjährigen Krieges sahen sehr viele solcher Dankfeste. 1647 reiste Ludwig mit seiner Mutter nach Amiens und nahm in dieser damaligen Grenzprovinz die *Revue* mehrerer Kompanien und Regimenter ab. Um die Marine nicht zu vergessen, wurde ihm der Hafen von Eu gezeigt und im 30 km südöstlich gelegenen Dieppe eine gestellte Seeschlacht.

Auch sein Land lernte der junge Ludwig XIV. so schrittweise kennen. Bis 1645 hatte er mehrere außerhalb von Paris gelegene Kirchen und Klöster besucht, unter anderem Montmartre, von dem aus sich schon damals ein guter Blick über Paris bot. 1646 erweiterte sich der Kreis: Er besuchte das Schloss Chantilly und nutzte Schloss und Wald von Compiègne erstmals für eine zweitägige Jagd. Wie auf königlichen Reisen üblich, besuchte er auf der Reise nach Amiens und zurück nach Paris Angehörige des Ersten und Zweiten Standes und lernte so mehr über deren Verhältnisse. Er übernachtete beispielsweise in der Abtei Saint-Corneille, beim Herzog von La Roche-Guyon und beim Marschall Bassompierre. 1648 reiste der König mit seiner Mutter nach Chartres, hörte in der Kathedrale ein *Te Deum laudamus* (der Grund war seine Anwesenheit) und wohnte im Palais des Bischofs; auf dem Weg dorthin übernachtete er im Schloss des Herzogs Herkules von Montbazon aus der mächtigen Familie Rohan. Zweimal speiste Ludwig im Jahr 1647 beim Generalkontrolleur der Finanzen in dessen «Haus» nördlich von Paris und bekam einen Vorgeschmack auf die Sonnenseite des Steuersystems – der Finanzmann behandelte seinen Gast «glänzend».

Die wichtigsten Schlösser im Besitz der eigenen Familie lernte Ludwig XIV. gleichfalls früh kennen. Nach Saint-Germain-en-

Laye, dem Louvre und dem unmittelbar benachbarten Palais Royal, das die königliche Familie von Richelieu erbte und im Herbst 1643 bezog, folgte 1644 ein etwa sechswöchiger Aufenthalt im großen Jagdschloss Fontainebleau. Wer immer es sich leisten konnte, mied im Sommer und Frühherbst die dicht besiedelten und bei Wärme seuchengefährdeten Hauptstädte. Fontainebleau war seit Jahrhunderten ein besonders bevorzugtes Jagdschloss, ein Prachtbau inmitten großer Waldgebiete. Auch seine Innenausstattung war von besonderer Kostbarkeit. Franz I. (1494–1547) hatte es von italienischen Künstlern ausbauen lassen, unter anderem mit einer grandiosen Galerie. Sie hatte den verfeindeten, gleichwohl aber als Gast empfangenen Kaiser Karl V. beeindrucken sollen und rühmte im Stil der italienischen Renaissance die Größe der französischen Monarchie. Ludwig XIV. verbrachte ab 1644 in den meisten Jahren seines Lebens dort den Spätsommer.

Die Säle, Galerien, Höfe und Gärten der Schlösser waren nicht zuletzt Schauplätze der galanten Erziehung des jungen Königs. Die Basis dafür erhielt er bei seiner Mutter, die er fast täglich besuchte und in deren Kreis von Hofdamen und Besuchern er das höfische Raffinement, Kammermusik, Kleidung, Konversation erlebte. Sosehr er diese genoss – selbst sprach der junge König, ebenso wie später der erwachsene und der alte, nicht viel. Ständig genauestens beobachtet, lernte er bald, dass es in seiner Stellung besser war, nichts zu sagen als etwas Falsches. Schon im November 1645 sah sich Ludwig ein Theaterstück an, das er für die im Palais Royal vermählte neue Königin von Polen (1611–1667) aufführen ließ. Am folgenden Tag eröffnete er mit ihr den ihr zu Ehren gegebenen Ball. Tanzen war also gleichfalls zu lernen, doch wurde es für Ludwig XIV. nicht lästige Pflicht, sondern früh zu einer Leidenschaft. Ein aus Anlass der Anwesenheit des Herzogs Thomas von Savoyen-Carignan (1595–1656) Anfang 1646 gegebener Ball bot öffentlichen Gesprächsstoff, auch für die offiziöse Zeitung «Gazette». Bei Hof höre man nicht auf, über die «Höflichkeit und Haltung» des Königs zu sprechen: sie seien seinem Alter weit voraus. Der höfische Tanz der Frühen Neuzeit bezog Personen eng aufeinander, in festen Figuren, wechselnden Verbindungen und unter den Augen der Umstehenden: eine beobachtete Ordnung in Bewegung und insofern ein Modell für soziale Beziehungen – und dabei noch amüsant.

Derartige Festveranstaltungen waren kostspielige Beweise besonderer Wertschätzung. Italien war zu dieser Zeit das Zentrum der europäischen Musikkultur, und so wählte Mazarin 1647 italienische Musiker für die erste Aufführung einer Oper in Frankreich: «Orpheus» im Palais Royal. Ludwig sah sie mehrmals, so auch im Mai zu Ehren der Tochter des inzwischen verstorbenen Heinrich II. von Bourbon-Condé. Mit Jagden, Theateraufführungen und einem großen Ball unterhielt Ludwig XIV. im Herbst 1647 in Fontainebleau seinen Cousin Karl (1630–1685), den exilierten Prinzen von Wales, der später König von England werden sollte. Mit neun Jahren war der König inzwischen alt genug, dass Fürsten persönlich zu ihm kamen und er sie selbst empfing, so etwa den mit Frankreich gegen den römisch-deutschen Kaiser verbündeten Landgrafen Wilhelm VI. von Hessen-Kassel (1629–1663) und einen Fürsten des gleichfalls kaiserfeindlichen Fürstentums Siebenbürgen.

Zur vollständigen Teilhabe am vollen Programm höfischer Repräsentation fehlte nicht mehr viel: Der junge König musste noch lernen, sehr gut zu reiten und mit den üblichen Waffen umzugehen. Im März 1647 war Ludwig XIV. mit dem Prinzen von Wales, einstweilen wohl noch als Zuschauer, beim Ringreiten in der «Akademie» des Lepidio Arnolfini. Dieser wurde 1648 Chef der königlichen Reitschule und somit Reitlehrer des Königs und dessen Bruders. Dass über eine Jagd im September 1648 berichtet wurde, der König «bezeuge eine große Neigung für diese königliche Übung», deutet darauf hin, dass er inzwischen selbständig zu Pferd an der Jagd teilnahm.

In einer vielzitierten Bemerkung in den Erinnerungen des Herzogs von Saint-Simon (1675–1755) wird der Vorwurf erhoben, man habe die intellektuelle Erziehung Ludwigs XIV. vernachlässigt. In der Tat lernte der junge König nicht das in den Jesuitenkollegs unterrichtete Pensum, welches auf das Studium der Rechte, der Medizin und der Theologie vorbereitete. Der

Herzog von Villeroy (1598–1685), der die Erziehung des Königs nach dessen Austreten aus dem Frauenhofstaat im siebten Lebensjahr leitete, neigte mit Blick auf die spätere Rolle seines Schützlings so sehr zum Nachgeben, dass sich schon der junge Ludwig darüber lustig machte. Strenger war die Königinmutter: Sie drohte gelegentlich mit Schlägen und mit der Entbindung der Bediensteten des Königs von der Gehorsamspflicht.

Trotz recht nachgiebiger Erzieher und Lehrer lernte Ludwig immerhin so viel Latein, dass er mit etwa zwölf Jahren Cäsars «Gallischen Krieg» übersetzen konnte. Als Sohn einer Infantin von Spanien und – darüber wurde nachgedacht – vielleicht künftiger Ehemann einer spanischen Infantin lernte er Spanisch und später noch Italienisch, eine der Sprachen der Diplomatie, die Sprache Roms und der Kunst. Briefe zu verfassen, lernte er anfänglich anhand der Korrespondenz mit seinem kleinen Bruder: wie es um die Gesundheit stehe und herzliche Grüße. Etwas Theologie stand auf dem Programm, auch, um die moralischen Grenzen der Macht kennenzulernen. Geographie und Rechnen waren schon wegen der Kriege, der Reisen nach Flandern und der Geschichte Frankreichs interessant.

Geschichte wurde gründlich unterrichtet, denn sie wurde als umfassendes Lehrbuch für die Bewältigung der Gegenwart verstanden. Griechische und römische Geschichte mitsamt der klassischen Mythologie lernte Ludwig als Vorbild, Mahnung und Messlatte für sich selbst kennen: Alexander den Großen als Eroberer, Cäsar als Sieger in so vielen äußeren und inneren Kriegen, Augustus als Bereiter eines neuen Goldenen Zeitalters, Konstantin als ersten christlichen Kaiser Roms. Die antike Welt war für die Eliten der Frühen Neuzeit eine zweite geistige Heimat, Quelle anspielungsreicher Sprache, kultureller Formen und Gegenstand konkreter Vergleiche. Gründlich lernte Ludwig die französische Geschichte. Allein der königliche Kammerdiener La Porte las dem jungen König vor dem Einschlafen an unzähligen Abenden die über tausend Seiten dicke Geschichte Frankreichs und seiner Könige von Mézeray (1610–1683) vor.

Mit zehn Jahren war Ludwig XIV. weitgehend geformt und beherrschte die Formen, die Haltungen und Gesten, die einen

König von Frankreich ausmachten. Schon beim zweiten *Lit de Justice* am 7. September 1645 hatte er klar gesprochen, nun konnte er mit Fürsten und Gesandten kommunizieren, mit den Großen des eigenen Landes, hatte Dutzende Treueide empfangen, Bischöfe predigen gehört, an Prozessionen teilgenommen, Füße gewaschen, Truppen betrachtet, Siegesfeiern absolviert, Kommandeure empfangen, das Land um Paris herum bis hinauf an den Ärmelkanal etwas kennengelernt, bei Adeligen, Bischöfen und in Klöstern übernachtet, seine wichtigsten Schlösser bewohnt, Theater- und Opernvorstellungen beehrt und mehr als die Anfänge des Reitens, Jagens und Tanzens erlernt sowie an Volksfesten mitgewirkt: So entzündete er am Abend der Johannisnacht des Jahres 1648 das große Feuer auf dem Platz vor dem Rathaus von Paris.

Im Winter zuvor hatte Ludwig die Pocken überlebt, eine Krankheit, die nicht nur 1654 den römisch-deutschen König Ferdinand IV. (1633–1654) das Leben kostete. Während viele das Palais Royal wegen der hohen Ansteckungsgefahr verließen, blieb Anna von Österreich bei ihrem Sohn. Nach einigen Tagen zwischen Leben und Tod und nach nicht weniger als vier Aderlässen genas er. Sein Pate Mazarin sandte ihm ins Krankenzimmer ein Geschenk, ein englisches Pferd, seine Mutter nahm ihn am 12. Januar 1648 zum Dank für die Genesung mit in die Kathedrale von Paris. Nur wenige Tage später begann der große Aufstand gegen die ausgreifende Staatsgewalt.

II. Die Fronde und die Macht Mazarins (1648–1661)

Ludwig XIV. lernte in den immerhin fünf Jahren der *Fronde*, von 1648 bis 1652, wie fragil seine königliche Autorität war. Er musste mehrfach die Flucht ergreifen, er stand wiederholt den Truppen der Großen des Adels gegenüber, und er lernte die Machtmittel der privilegierten Funktionseliten kennen: städtische Volksaufstände, verschlossene Tore und die Verweigerung der Anerkennung königlicher Rechtsakte. Die Opposition der Großen und der Parlamente, von der öffentlichen Meinung unterstützt, wollte ein Ende der von Mazarin verkörperten «Tyrannei» der «absoluten Monarchie», also gesicherte politische Mitbestimmung.

Der militärische und politische Sieg über die *Fronde* während des andauernden Krieges gegen Spanien lehrte Ludwig XIV., wie sehr ein König seine eigene Armee brauchte und wie wichtig der Sieg über Spanien war, das wieder einmal Führer der Rebellion gegen die Krone unterstützte. Auf seinen Kanonen stand nicht ohne Grund *ultima ratio regis*, «das letzte Mittel des Königs». Ludwig lernte zudem, dass er zuverlässige Diener in der Verwaltung brauchte, am besten Aufsteiger, die mit ihren Familien und ihren Netzwerken noch viel von ihm erhofften und den Etablierten aller drei Stände kräftig Konkurrenz machten. Dass die *Fronde* nicht zuletzt daran scheiterte, dass die Frondeure nur zeitweise gemeinsam, immer aber für ihre eigenen Interessen – das Pariser Parlament für politische Partizipationsrechte, der Adel für Machtpositionen seiner Familien und seiner Klientel – kämpften, lehrte ihn, dass die Verteilung der großen Ämter im Königreich als gut informierte politische Kunst zu betreiben war.

Weil Ludwig XIV. schon mit zehn Jahren zwar noch nicht selbständig regierte, aber doch bereits ganz König war, war die Fallhöhe groß. Nach den Siegesfeiern lernte er nun auch

Schlachtfelder kennen und sah sich dort eigenen Untertanen gegenüber, von denen nicht wenige ihm persönlich in seine Hände Treue geschworen hatten.

1. Sieg über den Kaiser und Aufstand des Parlaments

Bei seinem dritten *Lit de Justice* am 15. Januar 1648 weinte Ludwig XIV., denn er brachte den Satz, der die Ansprache seines Kanzlers vorbereitete, nicht heraus. Er spürte wohl, dass das Parlament auf Konfrontation aus war. Der Generalanwalt des Parlaments, Omer Talon (1595–1652), ließ sich denn auch dahingehend vernehmen, dass die Mitglieder des Parlaments im wohlverstandenen Interesse des Königs «freie Menschen und nicht Sklaven» sein sollten; dass die Steuern die Bauern ins Elend stürzten; dass die Staatsdiener enteignet würden; dass es Zeit für Frieden sei. Grund und Anlass für diese nach den Maßstäben der Zeit äußerst provokante Rede waren der fortgesetzte Krieg gegen Spanien und gegen den Kaiser sowie die daraus resultierende, stetig steigende Steuerlast.

Das Parlament war insbesondere über die Schaffung zusätzlicher käuflicher Ämter erbost. 72 Parlamentsadvokaten (*Maîtres des requêtes*) gab es, gekaufte Ämter, doch sollten 1647 zur Füllung der Kassen neue Stellen geschaffen und verkauft werden; das senkte Einfluss, Einkommen und Wert der vorhandenen Ämter. Gegen diesen Plan wehrten sich nicht nur Betroffenen, sondern das ganze Parlament. Um mehr Druck aufzubauen, bedrohte die Krone das Parlament mit der Aufhebung der *Paulette*, jener Steuer, welche die Vererbung käuflicher Ämter erlaubte. Dies gefährdete die ökonomische und soziale Existenz der mächtigen Gruppe der Inhaber käuflicher und de facto erblicher Ämter. Am 16. Januar 1648 schritt das Parlament daher von der Widerrede zum Widerstand und erklärte die am Vortag registrierten Gesetze wegen Handelns unter Zwang für nichtig. Das politische Testament Richelieus hatte für solche Akte einen Begriff: «Angriff auf die königliche Autorität», und ganz ähnlich, «Beschränken der Autorität des Königs», nannte es auch Anna von Österreich. Sie führte im Interesse ihres Sohnes nicht nur Krieg gegen ihren eigenen Bruder, den spanischen König; auch in der Innenpolitik erwies sie sich als Verfechterin der vom persönlichen Feind Richelieu vorgezeichneten Staatsraison.

Bestärkt wurde der Widerstand des Parlaments durch konfessionelle Vorbehalte: Frankreich kämpfte vor allem an der Seite des lutherischen Schweden und des kalvinistischen Hessen-Kassel gegen das katholische Spanien und den katholischen Kaiser, für den dieser Krieg die letzte Phase eines nunmehr bereits dreißigjährigen Krieges (1618–1648) war. Vorbehalte gegen die Weiterführung des Krieges gab es auch deshalb, weil man meinte, er nutze vor allem den Finanzen Mazarins, und weil die lange Serie französischer und schwedischer Siege glauben ließ, der Friede sei schnell, günstig und leicht zu haben. Das war allerdings ein Irrtum, denn die Friedensverhandlungen in Münster und Osnabrück waren äußerst kompliziert. Mazarin wollte die wegen der vielen Kriegsschauplätze in Katalonien, Flandern und im Reich besonders teuren Feldzüge 1648 noch finanzieren, denn nach dem greifbar nahen Sieg und Frieden im Reich würde Frankreich nur noch mit Spanien Krieg führen müssen.

Weil die zur Durchsetzung der Innenpolitik der Regentin nötigen Armeen in den fernen Kriegsgebieten standen, spielte die Krone auf Zeit. In den monatelangen, zunehmend hitzigen Verhandlungen zwischen der Königinmutter und den Vertretern des Parlaments über dessen Rechte und über die Steuergesetze setzte sich im oppositionellen Justizapparat die Auffassung durch, es sei an der Zeit, den eigenen Status aufzuwerten und die Handlungsspielräume zu erweitern. Das Parlament und die anderen drei obersten Gerichtshöfe bildeten (aufgrund einer Abstimmungsmehrheit von 97 gegen 65 Stimmen) am 13. Mai 1648 eine gemeinsame beratende Versammlung. Das Parlament in England hatte vorgemacht, wie man Könige entmachten konnte, und eine Prise Republikanismus war für Mitglieder auch des Parlaments von Paris attraktiv. Anna von Österreich sprach Klartext und nannte die so unierten Gerichtshöfe «eine Art Republik in der Monarchie».

Im Sommer 1648 trat die neue Körperschaft, die *Chambre Saint-Louis,* zusammen, und mit den «27 Artikeln» wurde alsbald die Revision von 30 Jahren königlicher Politik vorgelegt: Abschaffung der Intendanten und außerordentlichen Kommissare, Abschaffung der Verpachtung von Steuern und Abgaben, Senkung der Kopfsteuer, Hoheit des Parlaments über das Steuerrecht, Verbot der Gefangensetzung ohne richterliches Urteil (das Äquivalent zum englischen *habeas corpus*), Bestand der Rechtskraft höchstgerichtlicher Urteile auch gegen den königlichen Willen, Schutz des Systems der Ämterkäuflichkeit usw. In diesem Modell einer konstitutionellen Monarchie fehlte etwas Entscheidendes: die Wahl der Mitglieder des Parlaments als Ausdruck der Repräsentation des Volkes. Obschon nur eine äußerst kleine Schicht wohlhabender Grundbesitzer die Abgeordneten zum englischen Unterhaus wählen durften, gab die Wahl doch eine gewisse demokratische Legitimität. Eine Stelle im Parlament dagegen konnte man ohne Wahl erwerben. Die vom Pariser Parlament aus ebenso nachvollziehbaren wie eigennützigen Gründen hochgehaltene Käuflichkeit und Erblichkeit der Ämter verhinderte, dass die *Fronde* der Gerichtshöfe demokratische Legitimität bekam.

Mit Blick auf den nahen Sieg über den Kaiser ließ Mazarin die Königin im Sommer 1648 immer weiter nachgeben und Ludwig XIV. am 31. Juli 1648 sein viertes *Lit de Justice* abhalten, das die Forderungen der *Chambre Saint-Louis* absegnete. Erst am Tag des *Te Deum laudamus* für den wichtigen Sieg Condés über die Spanier in der Schlacht von Lens, am 26. August 1648, ließ Anna von Österreich im Vertrauen auf die militärische Stärke der Krone drei Mitglieder des Parlaments von Paris verhaften. Einem gelang die Flucht, ein anderer wurde problemlos festgenommen, die Verhaftung des dritten aber, des populären Parlamentsrats Pierre Broussel (1575–1654), war Auslöser eines Volksaufstands.

Ludwig XIV. hatte den scharfen Wind der *Fronde* bereits deutlich verspürt, an seinem dritten und vierten *Lit de Justice*, an der Kühle der Reaktion auf seine anderen öffentlichen Auftritte, an seiner äußerst angespannten und vermehrt Nerven und Fassung verlierenden Mutter. Nun bot ihm die *Fronde* den Blick auf Barrikaden. Diese wurden, um etwaige Einsätze königlicher Truppen und Plünderungen gleichermaßen im Zaum zu halten, überall in der Stadt errichtet (ungefähr 1200 an der Zahl). Die königliche Familie wurde so ebenfalls festgesetzt, denn Barrikaden umgaben auch das Palais Royal.

Dieses Stadtpalais war von den königlichen Wachen gegen einen Angriff nicht zu verteidigen; die Plünderung des Stadtpalais des Herzogs von Luynes, in dem eine Menschenmenge den Kanzler Séguier gesucht hatte, verhieß nichts Gutes, und so gab Anna von Österreich den Held dieser Tage, den Parlamentarier Broussel, wieder frei. Mazarin fasste die Ereignisse so zusammen: «Das Parlament übte die Funktionen des Königs aus und das Volk hat ihm vollständig nachgegeben; es hat dem König zum Kompagnon den Broussel gegeben.» Die rote Linie war für Mazarin auch deshalb erreicht, weil diskutiert worden war, die Regentin und ihn ihrer Ämter zu entheben und die Regentschaft auf Gaston von Orléans zu übertragen. Mazarin floh daher mit Ludwig XIV. und dessen Bruder am frühen Morgen des 13. September aus dem zu gefährlich gewordenen Paris. Die Königin und der Hof folgten einige Tage später, erst nach Rueil, Ende September nach Saint-Germain-en-Laye.

Durch die Entfernung vor einer erneuten Festsetzung geschützt, ließ die Regentin Truppen in Richtung Paris marschieren. Anstatt dem nahenden militärischen Druck nachzugeben, bereiteten sich Parlament und Stadt auf den Verteidigungskampf vor. Mit Blick auf den unmittelbar bevorstehenden Durchbruch bei den Friedensverhandlungen in Münster und Osnabrück riet Mazarin der Regentin zu geduldiger Nachgiebigkeit gegenüber dem Parlament. Mazarin erreichte so ein wichtiges Ziel: Am 24. Oktober wurde der Westfälische Friede geschlossen; der Kaiser schied aus dem Krieg Spaniens gegen Frankreich aus, einige Territorien und Verbündete wurden gewonnen. Doch selbst diesen für Frankreich so günstigen Frieden nahm man Mazarin übel: Er brachte nicht genügend Territorialgewinne, kam zu spät und beendete noch nicht den Krieg, denn Spanien hatte nicht unterzeichnet.

Am 31. Oktober kehrte die vielfach gedemütigte Anna von Österreich mit ihren Söhnen nach Paris zurück, aber nicht das

Vertrauen. Die parlamentarische *Fronde* suchte nun die Unterstützung der militärisch mächtigen Großen; viele alte Gegner Richelieus und Mazarins waren dazu bereit. Der Verwalter des Erzbistums Paris, Johann Franz von Gondi (1613–1679), konnte auf die Unterstützung der prospanisch katholischen Parteiung der *Dévots* zählen und auf große Teile des Klerus von Paris; über die Pfarreien ließ sich besonders gut auf die öffentliche Meinung einwirken. Er wandte sich gegen die Krone vor allem deshalb, weil Mazarin ihm nicht zur Kardinalswürde verhalf. Die Tochter Heinrichs II. von Bourbon-Condé stieß ebenfalls zur *Fronde*. Sie war die Tochter eines «Prinzen von königlichem Geblüt», aber «nur» eine verheiratete Herzogin von Longueville (1619–1679) und wollte, dass auch ihr Mann und einst ihre Kinder als Mitglieder der Königsfamilie anerkannt würden. Ihr Bruder, Louis II. von Bourbon-Condé, lehnte seine Beteiligung an der *Fronde* jedoch ab. Ihn hatte die Krone heimlich für militärische Hilfe gewinnen können, um das Parlament den Vorstellungen der Krone gefügig zu machen. Die dafür geplante Blockade der Stadt durch königstreue Truppen setzte voraus, dass die königliche Familie außerhalb von Paris in Sicherheit war. Das war nach der Flucht vom September 1648 auch den Frondeuren klar, welche den Hof entsprechend argwöhnisch beobachteten.

Deshalb kam es in der Nacht vom 5. auf den 6. Januar 1649 zur berühmt gewordenen zweiten Flucht der königlichen Familie aus Paris. Um drei Uhr morgens weckte man Ludwig XIV. und seinen Bruder, brachte sie durch ein Gartentor aus dem Palais Royal und samt ihrer Mutter in einer Kutsche aus Paris heraus. Mit von der Partie waren Gaston von Orléans, Condé, Mazarin und deren engste Vertraute und Verwandte. Um keinen Verdacht zu erregen, hatte man das Schloss in Saint-Germain-en-Laye nicht vorbereitet, und so war es kalt und – wie üblich, wenn ein Schloss zeitweise nicht bewohnt war – leer geräumt. Mazarin hatte nur vier Feldbetten bereitstellen lassen, je eines für die Königin und ihre Kinder und eines für sich selbst. Den übrigen, auch den Damen, blieb für diese Nacht, wenn sie Glück hatten, ein Strohsack und wenn sie Pech hatten, der nackte Boden.

Die Situation eskalierte weiter: Die Königin verlangte vom Parlament und anderen großen Gerichtshöfen, in verschiedenen kleineren Städten zu tagen und suchte vergeblich die Unterstützung der Bürgerwehren von Paris. Das Parlament dagegen bemächtigte sich der Bastille, beschloss die Aufstellung von Truppen und erklärte am 8. Januar Mazarin zum «Staatsfeind». Dieser Auffassung konnten sich viele anschließen: Armand von Bourbon-Conti, sein Schwager, der Herzog von Longueville, der Herzog von Bouillon, Franz von Vendôme und einige andere zogen mit ihrem bewaffneten Gefolge nach Paris.

Die königlichen Truppen unter Condés Führung blockierten nun mitten im sehr kalten Winter die Versorgung von Paris. Im Angesicht einer Hungersnot würde die städtische Unterstützung für das Parlament enden und dieses zum Nachgeben zwingen. Mazarin sorgte dafür, dass der Herzog von Longueville in seinem Versuch, die Normandie zum Anschluss an die *Fronde* zu bewegen, an der dortigen Präsenz königlichen Militärs scheiterte. Damit es dem jüngeren Bruder des Herzogs von Bouillon, dem Marschall Turenne, nicht gelang, die von ihm im Reich kommandierte französische Armee deutscher Söldner gegen Paris zu führen, beschaffte Mazarin den Soldaten bares Geld dafür, dass sie sich unter das Kommando des zuverlässigen königlichen Kommandeurs nach Freiburg begaben. Conti und Gondi warben einstweilen um spanische Militärhilfe für die *Fronde*; der Preis hierfür war, dass das Parlament und die Großen einen Friedensvertrag zwischen Frankreich und Spanien schlossen. Genau dazu – einen auswärtigen Frieden ohne ihren Monarchen, den Kaiser, zu schließen – waren die Stände des Reichs am Ende der Westfälischen Friedensverhandlungen 1648 bereit gewesen und hatten so den Kaiser zum Einlenken und zum Frieden gezwungen. Aber sich wie die Reichsstände an die Stelle des Souveräns zu setzen, das ging dem französischen Parlament 1649 zu weit – bis 1789 musste noch einiges passieren.

Ohne die Normandie und ohne die spanische Armee war militärisch für Paris nach vier Wochen Blockade nichts mehr zu machen. Der Hunger stellte die Aufständischen auf eine harte Probe. Überdies erfuhr man, dass das englische Parlament

König Karl I. am 19. Februar 1649 hatte enthaupten lassen. Einen Bürgerkrieg mit einem solchen Ergebnis wollten beide Seiten, Parlament und Königin, nicht. Also handelte Mazarin mit einer Parlamentsdelegation einen Ausgleich aus, den Frieden von Rueil vom 11. März 1649: völlige Straffreiheit auf der einen Seite, Verzicht auf die Gültigkeit der jüngsten Beschlüsse des Parlaments auf der anderen Seite. Mehr war für die Krone in Anbetracht der bald beginnenden Feldzüge an der Grenze zu den Spanischen Niederlanden nicht zu erreichen.

In Paris musste diese Deeskalation erst vermittelt werden. Dabei half die Kluft zwischen dem Parlament und den kämpferisch exaltierten Großen des Adels, denn Letztere begannen mit der Krone die Bedingungen ihres Ausscherens aus der *Fronde* zu verhandeln. Mazarin notierte die Forderungen: Gouverneursposten, Titel, Ehren usw., der Parlamentspräsident Molé veröffentlichte die Liste in Paris. Dass die *Grands* eigennützig gegen Krone und Mazarin und nicht für Parlament und Volk von Paris kämpften, das war fortan stadtbekannt. Paris, *la bonne ville de Paris*, wie die Könige ihre Hauptstadt nannten, legte die Waffen nieder. Vorläufiger Schlusspunkt der *Fronde* war am 1. April der sogenannte Frieden von Saint-Germain. Über den König brach eine Flut von Audienzen herein, in denen viele, teils durch Delegationen, ihre Ergebenheit bekundeten: das Parlament, der Magistrat, die Universität, die Domherren von Notre-Dame, die Steuerbeamten, die Gilden der Kaufleute, die Zunftmeister von Paris, die Schatzmeister Frankreichs usw. Conti und Turenne wurden mit Gaston vom König gar zum Picknick im Wald von Compiègne geladen.

Als Ludwig XIV. am 18. August 1649 wie ein Sieger in Paris einzog, setzten sich die Treuebekundungen fort: erneute Ergebenheitsbesuche, Volksfeste, Feuerwerke und Freudenfeuer in Anwesenheit des Königs, im Rathaus ein Ball für den König. Im Herbst und Winter 1649 erhielt Ludwig die Sakramente, die das Ende der Kindheit markieren, die Kommunion und die Firmung. Nach der Vollendung des elften Lebensjahres wurde er im September 1649 in den Staatsrat eingeführt und nahm fortan an ausgewählten Sitzungen bzw. an der Beratung ausgewählter Themen teil. Etwas später kam der Finanzrat hinzu. Es begann nun, mit Mazarin als Lehrer, die Phase der analytischen Ausbildung.

2. Die Krone gegen die Großen des Adels

Die weiterhin ungelösten strukturellen Konflikte wurden bald sichtbar. Als Retter von König und Regentin, als Herr über die Armee und als Patron des von der *Fronde* enttäuschten Adels machte Condé Anspruch auf maßgeblichen Einfluss auf die Geschäfte der Krone geltend und geriet so selbst in Opposition zur Politik der Regentin und Mazarins. Condé verlangte für sich die Admiralität Frankreichs, für seine Klientel und Verwandten Posten und befestigte Plätze, insbesondere eine wichtige Festung in der Normandie. Anna von Österreich und Mazarin teilten Ludwig XIV. nun eine Rolle bei einem Ereignis zu, von dem sie sich ein Ende der, wie sie es sahen, Anmaßungen der Großen versprachen: bei der Verhaftung der Herzöge von Condé, Conti und Longueville. Da man diese drei nur dort verhaften konnte, wo sie von ihrem bewaffneten Gefolge getrennt waren, lud man sie gemeinsam in einen Nebenraum des Ratszimmers im Palais Royal. Dort bat Ludwig sie am 18. Januar 1650 in die Galerie hinaus, schloss sich danach mit seiner Mutter ein und wartete, mit ihr um glücklichen Ausgang des Handstreichs betend, die Verhaftung ab.

Statt Ruhe wurde ein Wiederaufflammen des Aufstands erreicht. Der Herzog von Bouillon sorgte für Unterstützung im Südwesten Frankreich, sein Bruder Turenne an der Ostgrenze, wo er die Festung Stenay hielt. Condés Schwester, die Herzogin von Longueville, organisierte Widerstand in der Normandie, die Klientel der Verhafteten mobilisierte ihre Truppen.

Damit den Widerständlern in den Provinzen klar wurde, dass ihr Aufstand nicht nur ein Protest gegen den in der Öffentlichkeit massiv kritisierten Mazarin, sondern Rebellion gegen den König und daher illegitim war, zog Ludwig XIV. mit seiner Mutter, Mazarin und einigen Truppen 1650 in die Zentren der Rebellion. Im Februar war Ludwig in der Normandie, wo seine

Präsenz die erhoffte Wirkung zeigte: Condés Anhänger erhoben ihre Waffen nicht, in Rouen bekundeten das Parlament und die Gerichtshöfe dem König ihre Treue, das Schloss wurde ihm nicht versperrt, sondern gezeigt, und im Hafen schossen über 200 Schiffe Salut. Hof und Stadt beehrten einander sogar mit einem Ball.

Die Reise nach Burgund brachte den König dagegen in etwas raueres Klima. Zwar hatten die Stadt Dijon und das Parlament von Burgund den neuen königlichen Gouverneur, César de Vendôme, akzeptiert; auch traf Ludwig in Dijon die Repräsentanten des Parlaments, der Stände der Provinz und anderer Institutionen. Aber in der befestigten Stadt Bellegarde (heute Seurre) an der Saône hatten sich Getreue Condés festgesetzt, und so bekam Ludwig XIV. dort eine Belagerung zu sehen. Im April stieß er zu seiner Armee, die ihn begeistert begrüßte. Die Hochrufe auf den König wurden überraschend von den Belagerten aufgenommen, und statt Kugeln schoss die Festung Salut. Bald folgten eine Amnestie für die Belagerten und die Übergabe der Festung. Zurück in Paris, nahmen die Regentin und der König die Glückwünsche des Parlaments entgegen. Den Marschall Turenne und die Herzogin von Longueville, die sich mit Spanien verbündet hatten, den Herzog von Bouillon und den Prinzen von Marcillac, einen Vertrauten der Herzogin, erklärten sie zu Staatsfeinden.

Schon am 4. Juli 1650 ging es nach Westen, von Fontainebleau aus über Orléans, Tours und Poitiers zunächst bis Libourne vor das widerständige Bordeaux. Auf der Reise besuchte Ludwig XIV. diverse Schlösser, jagte und badete. Vor allem aber empfing er unterwegs und in Libourne, wo er etwa drei Wochen im August blieb, die Gesandten von Institutionen, Provinzen und einigen Dutzend Städten, die sich nicht an der Adelsrebellion beteiligten und ihre Treue bekundeten: von La Rochelle im Norden über Cognac und Saint-Émilion bis hinunter nach Bayonne, Pau und Toulouse.

Nach Bordeaux konnte er nicht. Die Stadt hatte auf Druck der Bevölkerung, die den harten, vom König eingesetzten Gouverneur verabscheute, den Soldaten Condés die Tore geöffnet. Mit der stark befestigten Stadt im Rücken lieferten die aufständischen und die königlichen Truppen einander regelrechte Gefechte, während Delegierte des Parlaments der Guyenne dem König klarmachten, dass sie in der Stadt nichts tun konnten. Zugleich suchte das Parlament in Bordeaux die Unterstützung des Parlaments von Paris gegen den Gouverneur. Gaston, als Statthalter in Paris zurückgelassen, setzte diesen daraufhin ab – ohne Rücksprache mit Königin, König oder Mazarin. Das war eine wenig willkommene politische Kompetenzüberschreitung, löste aber – pünktlich zur für die Stadt existenziell wichtigen Weinernte – das Problem: Condés Truppen zogen ab, Bordeaux erklärte sich zur Übergabe an den König bereit und dieser kam mit einer kleinen Flotte von Kriegsschiffen auf einer Galeere am 5. Oktober in die Stadt. Es folgten die üblichen Treuebekundungen: Empfänge für die Autoritäten, Freudenfeuer, Feuerwerk, Ball und ein Ritt des Königs durch die Stadt, Symbol von Volksnähe und Herrschaft zugleich. Nach zehn Tagen ging es über Fontainebleau zurück nach Paris.

Die drei Herzöge waren weiter gefangen, doch ein Prozess noch nicht in die Wege geleitet – selbst ein als maßlos eingestufter Ehrgeiz stand nicht unter Strafe. Das Parlament von Paris wurde daran durch einen Auftritt der Mutter Condés und Contis erinnert und war damit nicht allein. Gondi, Haupt der Parteiung der *Dévots*, nahm sich das Schicksal seiner ehemaligen Gegner zu Herzen, als Mazarin ihm wieder einmal nicht half, Kardinal zu werden. Ebenso unterstützte die Generalversammlung des französischen Klerus die Sache der Herzöge. Im Januar 1651 setzte sich eine Delegation des Parlaments von Paris bei Königin und König für die Freilassung der Herzöge ein – man wolle doch nicht den Sturz der Krone. Ludwig XIV. war über diese Drohung regelrecht erbost. Gaston von Orléans aber schloss sich der Auffassung der vielen an und befahl als Generalleutnant des Königreiches, der er ja war, den bewaffneten Truppen, nur mehr seine Befehle zu befolgen. Von Gaston ermutigt, trat am 5. Februar eine Delegation des Parlaments vor Ludwig und die Königin und erhob zwei Forderungen: die Freilassung der Herzöge und die Entfernung Mazarins. Dieser floh in der folgenden Nacht aus Paris.

Nachdem die Regentin und ihr Sohn unter dem Druck Gastons, des Adels und des Parlaments am 10. Februar 1651 die Freilassung der drei Herzöge genehmigt hatten, entließ Mazarin sie selbst in Le Havre aus der Haft. Am 16. Februar besuchten die drei Freigelassenen die Königin und Ludwig XIV. im Palais Royal, einige Tage später kam deren Schwester, die Herzogin von Longueville, im April Beaufort, im Mai Turenne. Mazarin floh ins Reich, wo ihm der Kurfürst von Köln ein Schlösschen in Brühl zur Verfügung stellte. Von dort ließ er den jungen Jean-Baptiste Colbert (1619–1683), den späteren Minister Ludwigs XIV., sein Vermögen in Frankreich retten. Außerdem stand Mazarin in enger Korrespondenz mit der Königin und ließ sie zwischen Parlament, Gaston, Condé und Gondi weitere Zwietracht säen.

Das war nicht schwer, denn während auf die Krone Forderungen nach Restitution der den Herzögen entzogenen Posten niedergingen, versuchte das Parlament, Mazarins Rückkehr zu verhindern. Es geriet darüber, weil es die politische Position von Kardinälen insgesamt angriff, in Streit mit Gondi und dem Klerus. Gaston wiederum sah sich von Condé übergangen und berief eine Adelsversammlung ein, deren über 400 Mitglieder das Programm einer Adelsrepublik mit einem machtlosen König entwarfen. Die Königin stimmte selbst einer (dann jedoch verschleppten) Einberufung der Generalstände zu. Überdies versprach sie Gondi nun die lang ersehnte Kardinalswürde, und dieser opponierte fortan so vehement gegen Condé, dass es in einer Parlamentssitzung zum bewaffneten Tumult zwischen ihren Anhängern kam.

Warum dieses Nachgeben? Gaston blockierte nicht nur den königlichen Zugriff auf das Militär, es stand Schlimmeres zu befürchten: eine von den Frondeuren statuierte Verlängerung der Minderjährigkeit des Königs und damit mehrere Jahre der Herrschaft von Adel und Parlament. Besser schien es Mazarin, Königin und König, mit einer härteren Reaktion bis zum 5. September 1651 zu warten, bis zum Tag der Volljährigkeit des Königs. Nur noch wenige Monate, dann war Gaston nicht mehr Generalleutnant, und Ludwig konnte in seinen Rat berufen, wen er wollte, ganz gleich, was das Parlament inzwischen alles beschlossen hatte.

So lange musste sich Ludwig XIV. besonders intensiv in der Kunst der «Dissimulation» üben, im Verbergen eigener Ziele und in der Undurchdringbarkeit der Miene. Diese Kunst beherrschte er in einer Perfektion, die selbst Höflinge und Diplomaten bewunderten. Einige Tage nach Mazarins Flucht war seine Gabe der Verstellung hart geprüft worden. In der Nacht vom 9. auf den 10. Februar 1651 verbreitete sich in Paris die Nachricht von einem Fluchtversuch der Königin und ihrer Kinder: Lärm und Aufruhr in der Stadt, Menschenmengen und Bürgerwehr rings um das Palais Royal. Gaston schickte den Kommandeur seiner eigenen Garde, um den Verdacht zu prüfen. Die Königin musste ihn vorlassen und präsentierte ihm den gerade noch rechtzeitig ins Bett gebrachten jungen König: der tat, als schlafe er. Die Menschenmenge war mit dem Bericht des Kommandeurs nicht zufrieden. Um die drohende Stürmung des Palais Royal zu verhindern, ließ die Königin viele aus der Menge ins Schlafzimmer und zeigte auch ihnen den König: der tat weiter, als schlafe er.

Ludwig XIV. lernte 1651 die Großen ebenso gut kennen wie sein Vater. Ausgerechnet Condé, dessen Truppen erst im Vorjahr Krieg gegen ihn geführt hatten, schwor ihm am 16. Mai den Treueid als Gouverneur der Provinz Guyenne. Ludwig ließ selbst die Beleidigung an sich abgleiten, die darin lag, dass Condé ihn am 31. Juli bei einer Begegnung ihrer Kutschen in der Öffentlichkeit nicht formgemäß grüßte. Der Affront machte Skandal, und Condé entschuldigte sich beim König, doch erst drei Tage später.

In diesen Monaten befasste sich Ludwig neben seinem üblichen Programm mit Dingen, die später sehr wichtig werden sollten. Am 18. April, 15. und 25. Juni war er in Versailles, wo das kleine Jagdschloss seines Vaters stand, das er zu einem der größten Schlösser der Welt ausbauen würde. Zudem erwarb er noch mehr Bühnenerfahrung: Er tanzte mehrfach im Ballett «Kassandra» und im Ballett «Die Feste des Bacchus» und konnte dem Hof so einmal geordnete Verhältnisse vorführen.

Am 7. September 1651, zwei Tage nach der Vollendung des 13. Lebensjahres, markierten eine Messe in der Sainte-Chapelle und ein *Lit de Justice* die Volljährigkeit Ludwigs XIV. In der Sitzung dankte er seiner Mutter und ernannte sie zum Chef seines Rates. Im Übrigen tat er, was Konsens finden würde: Er bezog sich auf Frömmigkeit und Gerechtigkeit (die Devise auch des zeitgleich regierenden Kaisers) als Leitlinien seiner eigenen Regierungszeit, ließ ein Edikt gegen Duelle und Gotteslästerung registrieren sowie eines, das die Unschuld des Herzogs von Condé bestätigte. Die Königin hatte, um die letzten Tage vor der Volljährigkeit noch durchzuhalten, auch das versprochen. Dennoch war Condé, der wie die anderen Prinzen von Geblüt beim *Lit de Justice* anwesend hätte sein müssen, wohl aus Furcht vor einer erneuten Verhaftung oder Schlimmerem am Vortag aus Paris geflohen. In Montrond entschied er sich unter dem Einfluss seiner Schwester, der Herzogin von Longueville, ein ihm nachgesandtes Angebot auf einen Ausgleich mit der Krone auszuschlagen.

Ludwig XIV. absolvierte im September nur noch einige Empfänge, darunter den der ausländischen Botschafter und Residenten, nominierte Gondi offiziell für die nächste freiwerdende Kardinalswürde Frankreichs und reiste dann mit seiner Mutter am 27. September ins entfernte Poitiers, wo sie im Dezember und Januar 1652 blieben. Condé war wieder in Bordeaux und hielt eine Reihe von Orten der Region besetzt. Die königliche Armee aber drängte ihn in die Defensive.

Nach Poitiers kam am 29. Januar 1652 auf Wunsch des nun volljährigen Königs auch Mazarin. Dessen Rückkehr nach Frankreich war für Gaston, Gondi und das Parlament von Paris, die ihn ins Exil gezwungen hatten, eine sehr unangenehme Überraschung, und sie bereiteten sich in der Hauptstadt auf einen Waffengang zur Klärung der Konditionen ihrer neuerlichen Unterwerfung vor. Das Parlament erklärte Mazarin für vogelfrei, so dass jedermann eingeladen war, ihn zu erschlagen. Mazarin indes kam nicht allein, sondern mit einer Armee von etwa 6000 Söldnern; Turenne wechselte das Lager und fand sich gleichfalls beim König ein und bekam ein Kommando.

Weil Paris wichtiger schien als Bordeaux, zogen Ludwig, seine Mutter und sein Pate mit der Armee gegen Paris. Der Weg war schwierig: Angers musste erobert werden, und bei Orléans sammelten sich einige Truppen Condés und Gastons. Am 6. April vernichtete Condé einen erheblichen Teil der königlichen Armee bei Blénau. Sein am nächsten Tag unternommener Überfall auf Gien, wo sich der König aufhielt, scheiterte dagegen an einer Armeeabteilung unter Führung Turennes.

Im Schutze der Armee zog Ludwig XIV. langsam bis nach Saint-Germain-en-Laye. Schon am Tag nach seiner Ankunft erschienen beim König und seiner Mutter am 28. April 1652 Gesandte Gastons und begannen Verhandlungen über eine Verständigung. Auch Delegierte des Parlaments und anderer Institutionen von Paris kamen nach Saint-Germain-en-Laye, um einen Weg aus der misslichen Lage zu finden: Paris war unter militärischer Kontrolle Gastons und Condés, das Umland umkämpft. Das bekam der König unmittelbar zu spüren, als die Besatzung von Étampes mit dem Beschuss der königlichen Belagerungsarmee nicht aufhörte, als er vor den Mauern erschien. Erst nach dem Abzug der Armee des Schwagers von Gaston, des Herzogs von Lothringen, wagte sich die königliche Armee an Paris heran. Als Condé seine Armee an der Stadt vorbei – Gaston ließ sie nicht hindurch und hielt die Tore verschlossen – in den für ihn dank spanischer Hilfe sicheren Osten des Landes führen wollte, kam es am 2. Juli vor den Mauern von Paris zum Kampf zwischen beiden Armeen. Nach stundenlangen Gefechten stand Condés Armee mit dem Rücken zur Stadtmauer und kurz vor der endgültigen Niederlage. Die folgte aber nicht, sondern eine neue Lektion über die Unzuverlässigkeit von Ludwigs Verwandten: Seine Cousine Anne Marie Louise, die Tochter Gastons, die den König eigentlich gern geheiratet hätte, ließ von der Bastille aus mit den Festungskanonen auf die königlichen Truppen schießen – und in Richtung des Ortes, von dem aus der König mit Mazarin die Schlacht beobachtete. Sie ließ zudem den Rest von Condés Armee in die Stadt; mit einem blutigen Angriff auf das Rathaus machte sich diese bald zum ungebetenen Herrn von Paris.

Während die königliche Armee die Umgebung der Hauptstadt gegen Ausfälle von Condés Truppen sicherte, baute Ludwig XIV. im Sommer 1652 all denen, die sich in erster Linie an Mazarin stießen, eine goldene Brücke: Er befahl die Verlegung des Parlaments nach Pontoise (einige Dutzend Mitglieder immerhin kamen), entließ dort erneut (zum Schein) Mazarin und übergab Gondi den Kardinalshut. Ludwig musste nur noch das Abebben der Unterstützung für Condé in der Hauptstadt abwarten. Dabei half eine Amnestie, von der freilich die Großen ausgenommen waren. Ende September bereits erbaten die Deputierten der Kaufleute von Paris vom König die Rückkehr nach Paris. Am 13. Oktober 1652 verließ Condé mit seinen restlichen Truppen die Stadt, die endlich Ruhe wollte. Acht Tage später kehrte der König zurück.

Ludwig XIV. bezog diesmal den Louvre, der leichter zu verteidigen war als das Palais Royal. Im Louvre, nicht im Justizpalast, verkündete er bei einem *Lit de Justice* eine Generalamnestie, forderte die restlichen Rebellen zur Unterwerfung auf und verbot dem Parlament für die Zukunft die Einmischung in Staats- und Finanzsachen. In den folgenden Tagen empfing er die üblichen Treuebekundungen der üblichen Institutionen. Condé kam nicht, sondern trat in spanische Dienste. Ludwig reagierte mit einem *Lit de Justice*, in dem Condé, Conti und die Herzogin von Longueville mitsamt ihren Getreuen als Verräter zum Verlust ihrer Posten und Güter verurteilt wurden. Im Dezember ließ er im Louvre Gondi verhaften und die in Audienzen vorgebrachten Klagen des Erzbischofs von Paris und des Rektors der Universität zu dessen Gunsten an sich abgleiten. Er strafte damit die stete Förderung der *Fronde*, die 1651 erzwungene Entlassung Mazarins und die Beinahe-Stürmung des Palais Royal ab und sorgte für Ruhe in den Pfarreien von Paris. Gaston von Orléans hatte im Sommer ein Ultimatum zur Unterwerfung verstreichen lassen und wurde zu seiner großen Überraschung nach Blois verbannt. Der König schloss das Jahr am 31. Dezember 1652 mit einem neuerlichen *Lit de Justice* und ließ das Parlament so die Wiederherstellung der königlichen Autorität stückweise verdauen.

Als er Mazarin, wie schon bei dessen Entlassung und Flucht im Vorjahr geplant, an den Hof zurückrief, diesen am 3. Februar 1653 als Ausdruck seiner hohen Wertschätzung vor den Toren der Stadt empfing und in die Stadt hinein begleitete, blieben das Parlament und das Volk von Paris ruhig. Im Sommer 1653 beugten sich Bordeaux und, etwas weiter im Südosten gelegen, Villeneuve-sur-Lot der mit Armeen an ihre Tore pochenden königlichen Autorität. 1654 folgte das an der Mosel gelegene Stenay, das Condé 1648 als Dank für seine Unterstützung der Krone im Anfangsstadium der *Fronde* erhalten hatte. Ende August besuchte Ludwig XIV. mit seiner Mutter die königliche Grabeskirche Saint-Denis und betete dort am Grab seines Vaters. Danach ließen sich die beiden den Ornat der baldigen Krönung zeigen.

Einige Adelsrevolten und viele Aufstände, kleine und größere, würden noch folgen, aber die *Fronde* war vorüber: Frankreich war weder eine konstitutionelle Monarchie noch eine Adelsrepublik geworden.

3. Sieg über Spanien und Vorbereitung auf die Regierung

Von den wichtigsten Zielen der Kardinäle Richelieu und Mazarin sowie ihrer Könige Ludwig XIII. und Ludwig XIV. blieb eines noch unerreicht: der Sieg über Spanien. Während der *Fronde* hatte Spanien Erfolge erzielt. Unter anderem gingen 1652 für Frankreich Dunkerque (Dünkirchen) und mit Barcelona auch Katalonien wieder verloren. Erst nach dem Ende der *Fronde* und der endgültigen französischen Niederlage in Katalonien konnte Frankreich seine Kräfte auf den Krieg im Nordosten konzentrieren. Erst jetzt konnte die Ernte des 1648 geschlossenen Westfälischen Friedens eingefahren werden: Das Ende der Unterstützung des Kaisers für Spanien machte sich in einer langen Reihe französischer Siege bemerkbar.

Ludwig XIV. begab sich in den Jahren von 1653 bis 1658 jährlich für längere Zeiträume an die Kriegsschauplätze im Norden. Er reiste zur Belagerung von Sainte-Menehould (1653), von Stenay (1654), von Saint-Ghislain (1655) und zur ausnahmsweise erfolglosen Belagerung von Valenciennes (1656). Im folgenden Jahr sah er sich abwechselnd die Belagerungen von Montmédy und Stenay an, erlebte am Tag nach der Kapitulation von Montmédy aber auch einen Angriff auf seine eigene Eskorte. 1658 endete diese Phase mit der Eroberung von Dunkerque.

Schauplätze waren es in der Tat, denn die Kriegführung, hauptsächlich die Belagerung von stark befestigten Städten, konnte man sich aus sicherer Entfernung ansehen und von Zeit zu Zeit das kalkulierte Risiko einer unsicheren Entfernung eingehen, also die eigenen Truppen innerhalb der Reichweite der feindlichen Artillerie besuchen. Selbst dieses kurze Teilen der Gefahr spornte Soldaten und Offiziere, die sich vor den Augen ihres Königs bewähren und an Ehre und Ansehen gewinnen konnten, an. Für Ludwig XIV. waren die Aufenthalte an der Front militärischer Anschauungsunterricht und Selbstvergewisserung seines Königtums zugleich. Zwar kämpften die Könige Frankreichs seit der Gefangennahme von Franz I. durch die Armee Karls V. in der Schlacht von Pavia nicht mehr in der ersten Reihe, sie waren aber noch Teil des Kampfgeschehens. Mazarin sorgte bremsend dafür, dass die seinem Patenkind durchaus zu Kopfe steigende Suche nach Ruhm nicht gar zu lebensgefährlich wurde.

Dennoch konnte Ludwig mit seiner als unermüdlich wahrgenommenen Präsenz bei der Armee zufrieden sein. Die zu seinem Hof gehörenden eigenen Gardetruppen, besonders die Französische und Schweizer Garde, die Reitergarde und die durch Dumas' Romane sehr bekannten Musketiere ließ er in der Umgebung von Paris häufig vor seinen Augen exerzieren. Hatte er in den späten 1640er und frühen 1650er Jahren noch mit anderen Adeligen in spielerischem Ernst an einem kleinen, für ihn erbauten Fort in der Nähe des Louvre die Anfangsgründe des Kriegshandwerks gelernt und geübt, so ließ er 1659 in Fontainebleau selbst ein Fort bauen, an dem seine eigenen Wachregimenter übten. Diese vielfach adeligen, im Hinblick auf künftige Karrieren besonders motivierten und gut gerüsteten Soldaten, einige Tausend immerhin, waren Wach- *und* Kampfeinheiten und Ludwigs besonderer Stolz. Es gebe nichts Schöneres, schwärmte er einmal seiner Cousine vor.

Wenn Ludwig XIV. am Ende seines Lebens sagte: «Ich habe den Krieg zu sehr geliebt», wird die Erfahrung dieser Jahre deutlich: Der König kannte Krieg vornehmlich in der Form wohlorganisierter Belagerungen, die für seine Armee in der Regel vergleichsweise risikoarm und erfolgreich verliefen. Auch wenn ihm das Grauen des Krieges nicht verborgen blieb, überwog der Effekt, der *éclat:* Krieg ließ Rüstungen, Waffen, Feuer aufblitzen, war wie Gewitter. Er selbst aber, der König, war darin beherrschendes Zentrum und ruhiger Betrachter zugleich. Im Krieg, vor allem bei der relativ geordneten Belagerung feindlicher Festungen, konnte Ludwig erleben, wie sehr er über alle anderen erhaben war. Es scheint, dass seine Umgebung diesen Effekt des Krieges auf den König wahrnahm und dass es kein Zufall ist, dass sein Hofmaler ihn an der Decke des Spiegelsaals von Versailles, im Zentrum der Repräsentation Ludwigs XIV., als Jupiter mit den Donnerkeilen malte.

Ähnlich ist die königliche Jagd zu verstehen, der Ludwig von den 1650er Jahren bis an sein Lebensende regelmäßig nachging: als beherrschender Umgang mit Chaos, als raumgreifende und dynamischste Form eigener Bewegung, die in der Vormoderne überhaupt möglich war, als das Erleben von Wäldern, Feldern, Gewässern und auch: Wetter. Selbst wenn der moderne Begriff von Freiheit für Ludwig XIV. unverständlich gewesen wäre, gab es doch ein ungefähres Äquivalent, den Aufenthalt unter freiem Himmel. Nicht zufällig aß der König auf der Rückkehr vom Feldzug 1656 mit Mazarin allein unter einem Baum in freier Landschaft. Obwohl das Zeremoniell des französischen Hofes weitaus weniger streng war als das der Höfe von Papst und Kaiser, forderte es einem jungen Menschen sehr viel Disziplin, Sitzen, Formalität und Aufenthalte in Innenräumen ab, deren Fenster Ludwig in der Regel am liebsten geöffnet sah.

Der Krieg gegen Spanien war militärisch mit dem Sieg der französisch-englischen Armee unter Turenne über die spanische Armee unter Condé in den Dünen vor Dunkerque 1658 gewonnen; die Kapitulation der Stadt ließ nicht lange auf sich warten. Nach dem triumphalen Einzug in Dunkerque am 25. Juni 1658 erkrankte Ludwig XIV. zum zweiten Mal lebensgefährlich, vermutlich an Typhus. Er delirierte, wurde mehrfach zur Ader gelassen und erhielt, als das alles nicht half, sogar ein sonst gefürchtetes, extrem starkes Brech- und Abführmittel. Die schwere Krankheit hinterließ allerdings Spuren: Ludwig verlor seine bis dahin lang getragenen Haare. Er trug fortan Perücken und prägte damit einen sich weithin in Europa verbreitenden Brauch.

Mazarin bestimmte in diesen Jahren unangefochten die Politik Frankreichs und arbeitete den König in die komplexen Probleme der Außen- und Innenpolitik der Krone ein. Eminent wichtig und schwierig war die Personalpolitik im bürokratisch noch ungenügend erschlossenen Land. Wer wie in welchen Traditionen, Klientelsystemen, Konkurrenz-, Vermögens- und Familienverhältnissen stand, musste der König für sehr weite Teile des Adels, für die Inhaber der wichtigen Chargen in Justiz und Finanzwesen, in Kirche und Militär wissen oder ermitteln; dann musste die Krone noch dem eigenen Interesse Priorität verleihen, möglichst ohne persönlich zu verletzen. Dass das schwer war, fasste Ludwig XIV. später angeblich in die Bemerkung, er erschaffe, wenn er eine Stelle vergebe, einen Undankbaren und hundert Unzufriedene. Mit dieser Dauersituation umzugehen, erforderte vollendete Höflichkeit und bis zur Entscheidung vollkommene Unverbindlichkeit. So verwendete Ludwig XIV. später, wenn ihm etwas vorgetragen wurde, immer wieder die Formel: *Je verrai* (Ich werde sehen).

Auf der Vorbereitungsagenda des Königs standen noch andere wichtige Punkte. Ludwig XIV. war zwar seit dem Tod seines Vaters König, aber noch immer nicht gekrönt. Erst die Krönung vermittelte dem König zu seiner staatsrechtlichen auch eine besondere sakrale Weihe. Die Könige Frankreichs wurden mit einem Hauch von Balsam gesalbt, welches der Legende nach der Heilige Geist in Form einer Taube für die Taufe des fränkischen Königs Chlodwig (466–511) gebracht hatte. Dieser Übertritt des später als heilig verehrten Königs zum Katholizismus war schon im Mittelalter ein zentrales Element der Legitimation der französischen Monarchie.

Ludwig XIV. erläuterte seinem eigenen Sohn später den Sinn

der Krönung: Die Krönung mache «das Königtum» dem Volk sichtbar und sie mache es *im* König «erhabener, unverletzlicher, heiliger»; das Ritual in Reims war für ihn also keine Äußerlichkeit. Nun nahm Ludwig auch den aus dem Mittelalter stammenden Brauch der Berührung von Kranken auf, denn man schrieb dieser und dem zu jedem gesprochenen Segen – «Der König berührt dich, Gott heile dich» (*Le roi te touche, Dieu te guérit*) – die Fähigkeit zu, eine heute seltene Hautkrankheit, die Skrofeln, zu heilen. Schon am Tag seiner Krönung, dem 7. Juni 1654, berührte Ludwig XIV. in dieser Weise zahlreiche Kranke. Bis in die 1670er Jahre tat er dies an sehr vielen hohen Feiertagen wie Maria Himmelfahrt, Allerheiligen, Karsamstag oder Pfingsten. Es kamen zumeist einige Hundert Kranke zum König, Ostern 1658 waren es etwa 800. Zwar freundete sich die kritische Elite Frankreichs gerade mit Descartes' skeptisch-wissenschaftlicher Methodenstrenge an, zwar lehnte der in weiten Teilen des Landes verbreitete Calvinismus Wunderglauben ab, und auch die intellektueller Schärfe verpflichteten und das höhere Schulwesen des Landes betreibenden Jesuiten waren in Ritusfragen eher Pragmatiker. Der großen Mehrheit des Volkes mit seiner stark von Ritualen geformten Religiosität kam die sakrale Dimension des Königtums jedoch sehr entgegen.

Ein weiteres wichtiges Element im Leben des jungen Königs war die Eroberung der Öffentlichkeit. Dies geschah über die Verbreitung von Bildern, wie üblich mit Geldmünzen, in deutlich gesteigertem Maße aber mit einer künstlerischen Bildproduktion in Öl, Bronze, Marmor und Druckerschwärze. Von klein auf saß und stand Ludwig XIV. in bemerkenswerter Häufigkeit für Porträts, von denen manche früh in den öffentlichen Raum gelangten. Anlässlich des Neubaus einer Pariser Brücke über die Seine errichtete man ihm (und seinen Eltern) dort um 1645 das erste Denkmal. Im Hof des Rathauses von Paris stand eine Statue von Gilles Guérin († 1678), die den jungen König als Feldherrn zeigt, der seinen Fuß auf einen unterworfenen Feind, Sinnbild der *Fronde*, stellt. Ein weiteres Instrument der Popularisierung war er selbst: Ludwig zeigte sich der Allgemeinheit sehr regelmäßig, allein schon durch die häufigen Kirchenbesuche. In fast jeder der

Der Sieg über die Fronde motivierte zu symbolischen Höhenflügen: 1653 trat Ludwig XIV. im Ballett «Die Nacht» in diesem Kostüm als Sonne auf.

vielen Städte, in die er kam, gab es Kontakt bei Begrüßungen und Empfängen. Als «erster Edelmann» Frankreichs war er nicht nur bei zahlreichen Adelshochzeiten und Taufen anwesend, er machte sogar Kondolenzbesuche bei Angehörigen verstorbener Hochadeliger. Auch sah er sich außerhalb seiner Schlösser Kuriositäten an, beispielsweise einen Garten für Heilpflanzen, einen toten Wal, besondere Kunstobjekte. Ludwig XIV. war nicht wie sein von ihm besonders bewunderter Großvater Heinrich IV. «volkstümlich», aber trotz seiner starken Leibwache war er im Sinne persönlicher Wahrnehmbarkeit näher am Volk als etwa der Kaiser. Am 1. Oktober 1656 speiste er nahe der Grenze zu den Niederlanden öffentlich sogar in dem kleinen Dorf Vendegies-au-Bois.

Die in den späten Jahren der *Fronde* begonnene Produktion von ebenso unterhaltsamen wie anspielungsreichen Balletten setzte der Hof, jeweils im Karneval, fort. Ludwig XIV. tanzte gut und gern. In der Regel wurden die Aufführungen mehrfach wiederholt und durch gedruckte Beschreibungen verbreitet. Der König verkörperte innerhalb der vielen Szenen auch Nebenrollen, genauer beobachtet wurden freilich seine propagandistisch überhöhten zentralen Rollen. 1653, wenige Monate nach der Herrschaft Condés in Paris, tanzte Ludwig als Sonne im Stück «Die Nacht»: Sein Bruder machte mit und ließ vernehmen, was die «Truppe der Sterne» zur Flucht trieb und die «Irrlichter» erlöschen ließ: «Die Sonne, die mir folgt, das ist der junge Ludwig.» (*Le soleil qui me suit c'est le jeune Louis.*) Das Stück wurde als Triumph Ludwigs XIV. über die *Fronde* gedeutet und erlangte auch durch sein Kostüm große Bekanntheit.

Die Ballettaufführungen der nächsten Jahre widmeten sich intensiver Liebesthemen: «Psyche oder die Macht des Liebesgottes» (1656) und «Der kranke Amor» (1657) entsprachen offenbar den Interessen des jugendlichen Königs. Ludwig war in diesen Jahren häufiger auf Bällen und ging verstärkt eigene Wege, etwa im Frühling 1657 mit seinem überraschenden Auftauchen bei einem Fest auf dem Landsitz des Staatsministers Lionne, wo er dann mit den Damen des Hofes spazieren ging. Auch wenn sein Arzt seinem Tagebuch nicht anvertrauen mochte, wie es in Anbetracht des sittlich scheinenden Lebenswandels des Königs dazu kommen konnte, musste Ludwig 1655 doch wegen einer Geschlechtskrankheit, der Gonorrhoe (Tripper), behandelt werden. Seine Mutter und Mazarin achteten darauf, dass Kontakte zu den jungen Frauen des Hofes keine politischen Probleme schufen. Ludwig suchte dauerhaften Kontakt in erster Linie zu Frauen, die im Gespräch brillierten wie beispielsweise Olympe (1638–1708) und Maria Mancini (1639–1715), zwei Nichten Mazarins. Er scheint es geschätzt zu haben, wenn andere geistreich ausdrückten, was er schweigend zur Kenntnis zu nehmen hatte. Unter den Geliebten Ludwigs XIV. gab es zwar ebenso «triumphierende Schönheit» (Madame de Montespan) wie

Diese Frau hätte Ludwig XIV. gern geheiratet, doch die Staatsraison hatte Vorrang: Mazarins Nichte Maria Mancini. Porträt von Jacob Ferdinand Voet, nach 1661

selbstlose Verliebtheit (Louise de la Vallière), auf Dauer wichtig war dem König aber die Konversation seiner Geliebten.

Vorletzter Hauptpunkt der Vorbereitung Ludwigs XIV. auf die selbständige Regierung war die Normalisierung des Verhältnisses zu den Verwandten, die als Prinzen von Geblüt aufgrund ihrer Rechte, ihres Ranges und ihres Reichtums für die königliche Familie wichtig blieben, obschon sie in Ungnade gefallen waren. Gaston von Orléans etwa besuchte den König seit April 1657 wieder, blieb aber meist in Blois, wo er 1660 starb. Gastons Tochter, die ihren königlichen Cousin schon hatte heiraten wollen, als er noch nicht einmal geboren war, die mit ihm so häufig getanzt, dann aber von der Bastille aus auf seine Armee geschossen hatte, wurde 1657 aus der Ungnade entlassen. Sie sei sehr böse gewesen, werde künftig aber sehr weise sein, soll Anna von Österreich ihrem Sohn bei dieser Begegnung gesagt haben. Der war offenkundig froh, dass sich die Cousine seine begeisterten Erzählungen von der Armee anhörte, und sie wurde fortan wieder viel an seiner Seite gesehen; er war 1658 bei einem Ball in ihrem Pariser Stadtpalais, sie bei den Hofbällen. Conti war schon 1654 wieder bei Hof, wurde 1656 Gouverneur der Provinz Guyenne und 1657 sogar Kommandeur der Italienarmee. Ludwig XIV. besuchte dessen ebenfalls wegen Hochverrats verurteilte Schwester, die Herzogin von Longueville 1663, um ihr zum Tod ihres Mannes zu kondolieren, der schon 1654 vor den König getreten war. Dem einstigen Frondeur und bewährten Marschall Turenne half Ludwig bei der Versorgung der Kinder seines frühverstorbenen und ebenfalls rebellischen Bruders, des Herzogs von Bouillon. Selbst das Problem Condé wurde gelöst, und zwar von Mazarin. Spanien machte dessen Begnadigung zu einer Bedingung für den Frieden mit Frankreich, und so bekam er die 1654 aberkannten Rechte zurück: seinen Namen, seine Privilegien als Prinz von Geblüt, das Schloss Chantilly, den Posten als Gouverneur von Burgund (dazu den von Bresse), und die befestigten Orte, die die Krone ihm 1648 als Dank für die Blockade von Paris im annektierten Lothringen gegeben hatte. Condé versprach dem König schriftlich «unverletzliche Treue» und «völligen Gehorsam». Bei der nicht einfachen, aber nötigen Begegnung am 27. Januar 1660 waren nur die Königin, der König und Mazarin zugegen.

Nicht lösen konnte Mazarin für Ludwig XIV. das Problem seines jüngeren Bruders Philippe. Als eng miteinander aufwachsende Kinder und «Jugendliche» hatten sie mitunter sehr heftig gestritten. Zu einer richtigen Prügelei kam es 1652 beim prekären Zug nach Paris. Nach seiner lebensgefährlichen Erkrankung in Dunkerque 1658 erfuhr Ludwig, dass im engeren Umkreis seines jüngeren Bruders Vorfreude auf seinen Tod sichtbar geworden war; darauf vom König angesprochen, versicherte die Nummer eins der Thronfolge angeblich, «er habe seinen Tod nie gewollt und für ihn zu viel Zuneigung, um sich zu entschließen, ihn zu verderben». Das mochte Ludwig gern glauben, zumal nach einer Genesung, die, so Mazarin, eher eine «Auferstehung» war. Dafür, dass sein Bruder aber das Potenzial hatte, ihn ins Verderben zu stoßen, gab es ja das Beispiel seines Onkels Gaston, dessen Rebellionen gegen seinen eigenen Bruder Ludwig XIII. sich nicht an einer Hand abzählen ließen. Mazarin hatte Philippe auf eine tragende Funktion im Staat folglich nicht vorbereitet und bei ihm keinerlei Ehrgeiz genährt. Für die Monarchie war Philippe als sehr nah mit dem König verwandter Thronfolger eine Stabilisierung, für Ludwig XIV. nicht. Obschon eng an den königlichen Hof gebunden, konnte Philippe früh eigene Wege gehen: So kaufte er 1658 das Schloss Saint-Cloud westlich von Paris, förderte das Theater, wurde Zentrum eines homoerotischen Zirkels, rebellierte aber nicht politisch wie einst sein Onkel. Philippe verbrachte sein Leben in großer Nähe zu seinem königlichen Bruder und konnte sich beißende Kritik sowie heftigsten persönlichen Streit mit ihm bis an sein Lebensende leisten.

Zwei andere Königshäuser erteilten dem jungen König weitere unangenehme Lektionen. Königin Christina von Schweden wartete gern mit Überraschungen auf: mit ihrer Burschikosität, ihrer Gelehrsamkeit (sie hatte Descartes nach Schweden geholt), ihrem Thronverzicht und ihrer Konversion zum Katholizismus. Bei ihrem zweiten Besuch im Jahr 1658 erstach sie in Fontainebleau allerdings sogar eigenhändig einen Gefolgsmann als Verräter. Dem König erklärte sie, als Königin sei sie Richterin, und Härte müsse mitunter sein. Wenn es stimmt, dass sie dem König überdies sagte, sie an seiner Stelle würde heiraten, wen *sie* wolle, versetzte sie auch dem König einen Stich: Auf diesen kam, obschon er sehr in Mazarins Nichte Maria Mancini verliebt war, eine arrangierte Ehe zu.

Seit 1646 lebte die englische Königsfamilie Stuart im Exil in Frankreich, Ludwig XIV. hatte sie in Fontainebleau empfangen. Karl I. von England hatte «seinen» Bürgerkrieg verloren und bei der öffentlichen Hinrichtung 1649 sein Leben. Die Stuarts, Exilkönigin Henrietta Maria und ihre Kinder, lebten überwiegend in Saint-Germain-en-Laye. Als enge Verwandte der königlichen Familie waren sie in das höfische Leben lose eingebunden: Ludwig traf sie häufig. Die Stuarts führten dem König auch nach der *Fronde* vor Augen, dass Rebellionen des Parlaments und der Oberschichten nicht nur für die Monarchie, sondern auch für den Monarchen lebensgefährlich waren und dass er tiefer fallen konnte, als er in der *Fronde* gesunken war.

Unerfreulich muss für Ludwig XIV. die Erfahrung gewesen sein, dass er nicht nur wie sein Vater von Verwandten bekämpft wurde, sondern dass er selbst Verwandte fallen lassen musste. Das war der Fall mit seinen Cousins Karl und Jakob Stuart. England verlangte als Bedingung für die Unterstützung Frankreichs im Krieg gegen Spanien 1654 die Verbannung des Thronprätendenten und seines jüngeren Bruders aus Frankreich. Karl gelang zwar aus diesem zweiten Exil heraus 1660 die Rückkehr auf den englischen Thron. Ludwig XIV. aber musste einerseits die wenig ritterliche Situation durchleben, persönliche Ehre und moralische Standards aufzugeben, also zwar König zu sein, sich aber der Staatsraison zu unterwerfen. Der vielleicht treffendste Ausdruck für das Dilemma des der Staatsraison verpflichteten Monarchen wird seiner Geliebten Maria Mancini zugeschrieben. Ludwig hatte seine Mutter und Mazarin ernsthaft wissen lassen, dass er sie heiraten wollte, beugte sich dann aber der Staatsraison: Der Standesunterschied war für eine Erbmonarchie zu groß und eine politisch wichtige Ehe bereits beschlossene Sache. Als Ludwig sich 1660 daher von Maria Mancini trennte, soll er geweint und sie ungefähr diese Worte entgegnet haben: «Ihr weint, und Ihr seid der Herr.» (*Vous pleurez, Sire, et vous êtes le maître.*)

Bevor Ludwig XIV. tatsächlich Herr seines Landes wurde, musste er noch heiraten und den Abtritt Mazarins abwarten. Spanien war seit 1658 nicht mehr in der Lage, den Krieg mit Aussicht auf Erfolg weiterzuführen, und handelte mit Mazarin den 1659 geschlossenen sogenannten Pyrenäenfrieden aus. Damit er von Dauer sein konnte – und das war schon das Ziel Richelieus gewesen –, war er maßvoll: Frankreich fand sich mit den Pyrenäen als Grenze zu Spanien ab, erhielt das nördlich der Berge gelegene Roussillon, gab aber Katalonien endgültig auf. Zwar erhielt es beachtliche Teile der Spanischen Niederlande, aber es restituierte das seit über 20 Jahren besetzte Herzogtum Lothringen; allerdings behielt es dort militärstrategisch wichtige Bereiche. Die Krönung des Friedensvertrags war die Eheschließung Ludwigs XIV. mit der ältesten Tochter des spanischen Königs Philipp IV. Diese erhöhte die Chancen der Bourbonen, das spanische Weltreich zu erben, denn es gab zu diesem Zeitpunkt nach dem spanischen König nur noch einen einzigen erbberechtigten jungen Prinzen. Obwohl ihr Verzicht auf das spanische Erbe vereinbart wurde, glaubte Philipp IV. nicht daran, dass Frankreich wegen dieser Erklärung darauf verzichten würde, Ansprüche auf das Erbe geltend zu machen; so sparte er sich die Zahlung der gewaltigen Mitgift, die Bedingung für den Erbverzicht war.

Dieser Frieden war Anlass für zwei weite Reisen Ludwigs XIV. in den Süden Frankreichs. Von November 1658 bis Januar 1659 war der Hof zur Brautschau in Lyon. Die dort begutachtete savoyische Prinzessin gefiel dem König, denn sie war redegewandt. Zweck der Reise aber war es, die Verhandlungen mit Spanien durch die Präsentation einer Alternative zur «spanischen Heirat» zu beschleunigen; dieser Zweck wurde erreicht. Ein Feuerwerk über dem durch Lyon fließenden Fluss Saône glorifizierte statt einer königlichen Ehe so «nur» die Siege des jungen Königs. Ungefähr 1200 Kranke sollte der König an Silvester berühren, und auch die Delegierten der Stände des Languedoc und der Parlamente von Grenoble und Dombes ließen es sich nicht nehmen, sich ihren König anzusehen.

Die zweite Reise führte den König mit Familie und Hof von Fontainebleau aus über Bordeaux, Toulouse und Carcassonne bis nach Toulon am Mittelmeer und bis zur spanischen Grenze in der Nähe des Atlantiks. Aus der Unmenge der Empfänge ragten die der Stände des Languedoc und des Parlaments der Provence heraus. Mit dem Fürstentum Orange und Avignon, das dem Papst gehörte, besuchte Ludwig XIV. zwei später noch wichtige Exklaven. Marseille strafte er für eine schon überwundene Revolte symbolisch durch den Einzug durch eine neben dem Stadttor in die Stadtmauer geschlagene Bresche und rechtlich dadurch, dass er der Stadtverwaltung einen besonderen Gouverneur vorsetzte. Auf einer Galeere des königlichen Geschwaders fuhr er bis zur kleinen Festung If und in Toulon an einem Tag aufs Mittelmeer hinaus, am anderen im Hafen herum. Ludwig scheint beeindruckt gewesen zu sein: Er vergrößerte später die Galeerenflotte erheblich und ließ sich für eine aktive Flottenpolitik gewinnen. Wichtiger war vielleicht noch die intensive Erfahrung der Prägekraft des antiken Rom. Paris sah man seine römische Vergangenheit nicht mehr an, aber die Provence war noch immer ein Land des Mittelmeers und machte für Ludwig XIV. einen neuen Horizont erlebbar, den er bis dahin nur aus Büchern kannte. Er besuchte die legendäre Grotte der heiligen Maria Magdalena und stieg dafür zu Fuß im Schnee auf einen Berg; bei Nîmes besichtigte er den *Pont du Gard*, das dreistöckige Aquädukt, das noch immer von der Größe Roms kündete.

Im Juni 1660 war alles für die Übergabe der Braut auf der im Grenzfluss gelegenen sogenannten Fasaneninsel bereit. Am 6. Juni trafen sich die beiden Könige und beschworen die Einhaltung des Friedens. Dieses Treffen war auch ein Wiedersehen des spanischen Königs mit seiner Schwester Anna von Österreich, die er seit fast 40 Jahren nicht gesehen hatte; sie bat ihren Bruder um Verständnis dafür, dass sie im Interesse ihres Sohnes Krieg gegen Spanien geführt hatte. Am 7. Juni übergab Philipp IV. seine Tochter Maria Theresia ihrem fünf Tage älteren künftigen Ehemann. Die Hochzeit wurde am 9. Juni in Frankreich, in Saint-Jean-de-Luz mit allem dort möglichen Pomp gefeiert. Für die Rückreise nach Paris wird nicht ohne Grund gern der Begriff Triumphzug verwendet. Die Ehe verhieß dauerhaften Frieden mit Spanien. Das war nach der *Fronde* und nach über zwei Jahrzehnten offenen Krieges in der Tat attraktiv, und so übertraf der Einzug des Paares in Paris am 26. August 1660 – er auf einem Pferd, sie auf einem «Triumphwagen» – alles, was die Stadt in der Neuzeit an festlichem Aufwand gesehen hatte.

Als Ludwig XIV. 23 Jahre alt war, am 9. März 1661, starb Mazarin. Der König hatte ihn bis zu seinem Lebensende im Amt gelassen. Mazarin hatte in seinen letzten Jahren noch einiges zu tun: seine wie er aus verhältnismäßig kleinen Verhältnissen stammenden Nichten an Angehörige des französischen und europäischen Hochadels verheiraten; den König weiter in die Politikgeschäfte einarbeiten, seine bewährten Maximen der Staats- und der Menschenführung vermitteln. Das war deshalb von größter Wichtigkeit, weil er seinem Patenkind riet, künftig keinen Ersten Minister mehr zu bestellen. Seine, Mazarins, eigene Funktion im Staat, die eines Regierungschefs, sollte Ludwig XIV. selbst übernehmen. Zwei Dinge waren ihm besonders wichtig: Der König sollte selbst die richtigen Leute mit den richtigen Prioritäten (der Dienst am König) an die richtigen Stellen bringen, und er sollte sich bei der Ermittlung der Lage und bei Entscheidungen nicht von seinen Leidenschaften, wir würden sagen: Emotionen lenken lassen. Das ging nicht von allein. Mazarin hatte, teils sogar in der Kontinuität zu Richelieu, über einen langen Zeitraum hervorragende Diener aufgebaut und an die richtigen Stellen gebracht. Nur in der Leitung der Staatsfinanzen hatte er mit dem Oberintendanten Fouquet jemanden belassen, der aufgrund von politischen und habituellen Fehltritten jederzeit zu stürzen war. Der Blick auf Fouquet lenkte etwas davon ab, dass Mazarin selbst als Erster Minister eines der größten Vermögen in der Geschichte Frankreichs angehäuft hatte, aber auch eine großartige Kunstsammlung und Bibliothek (eine Kopie baute der dänische Hof in Kopenhagen). Vor allem hatte er die zwei wichtigsten Punkte von Richelieus politischem Testament abgearbeitet: Siege über Spanien und den französischen Adel. Ludwig XIV. nannte ihn später in seinen Memoiren einen «Minister …, der mich liebte und den ich liebte und der mir große Dienste geleistet hat».

III. Louis le Grand – Jahre des Ruhms (1661–1680)

Ludwig XIV. errichtete sich in den beiden Jahrzehnten nach dem Tod Mazarins sein eigenes Denkmal. Die Härten seiner Kindheit und Jugend verursachten, so scheint es, ein weit über das gewöhnliche Maß hinaus gesteigertes Bedürfnis nach Sicherheit, nach Anerkennung und Herrschaft. Ludwig beschrieb die Dynamik seiner Seelenverfassung als «Verlangen nach Ruhm», und in den Memoiren für den Thronfolger fügte er hinzu, als König schulde er Rechenschaft «dem ganzen Universum und allen Zeiten».

Diesen Anspruch fasste der König 1662 für ein mehrtägiges Fest zur Feier der Geburt des Thronfolgers am 1. November 1661 in einer Devise zusammen. Sie bestand aus dem Bild der Sonne, eines anderen Himmelskörpers und den Worten *Nec pluribus impar* («auch für viele nicht ungeeignet»). Das meinte ungefähr: So wie die Sonne viele Himmelskörper beleuchtet, reicht die Kraft des Königs für die Regierung mehrerer Reiche. Es gehörte zum Reiz solcher Devisen, dass sie Raum für Interpretation ließen. Klar war, dass die Devise auf Kaiser Karl V. (*Nec plus ultra*) anspielte und dass die Sonne Symbol fruchtbringender und strenger Herrschaft war.

Zwar wurden Bild und Sinnbild der Sonne als Element der Repräsentation schon seit dem 16. Jahrhundert und für mehrere Herrscher eingesetzt, ins Zentrum des Bilds eines Königs gelangte sie aber nur bei Ludwig XIV. Die überaus intensive königliche Kunstpatronage sorgte dann für eine sehr weite Verbreitung des Symbols, denn Künstler konnten mit der auch noch so kleinen Anspielung auf das Sonnensymbol in ihren Werken ihre Ergebenheit zum Ausdruck bringen. Kritiker des Königs dagegen sahen in der Sonnensymbolik das Bekenntnis zu maßlosem Ehrgeiz. Ihre Zahl wuchs stetig, denn Ludwig XIV. betrieb eine rigide Machtpolitik: im Landesinneren, in Europa und in der Sphäre der Repräsentation. Ludwig selbst war später mit der Wahl seiner Devise nicht mehr sehr glücklich, doch die mäßigende Verschiebung der Akzente kam zu spät: Devise und Sonnensymbol ließen ein ikonisches Klischee entstehen, den ihm selbst fernliegenden Begriff «Sonnenkönig».

1. «Der König regiert selbst»: Unterwerfung und Ausbau des Landes

Der Tod Mazarins ist für die Geschichte Ludwigs XIV. deshalb eine wichtige Zäsur, weil der König dessen Rat befolgte und keinen Ersten Minister mehr bestellte. In Vincennes teilte er am 10. März 1661 dem Kanzler, dem Oberintendanten der Finanzen und den Staatssekretären mit, dass er künftig selbst regieren werde. Ohne sein Vorwissen sollten fortan nicht einmal mehr Pässe ausgestellt oder Beträge jenseits der Bagatellgrenze von 100 Écus ausgezahlt werden. Bald ließ Ludwig XIV. auch seine Mutter, seinen Bruder, die anderen Prinzen von Geblüt, insbesondere Condé, um seinen Entschluss wissen, der auf ihren Ausschluss von den Regierungsgeschäften hinauslief. Dass Widerstand ausblieb, mag daran gelegen haben, dass manche dem erst 23-jährigen König beharrliche Arbeit nicht zutrauten; sie irrten allerdings.

Den Anfang beim Umbau des Regierungssystems machten die Ratsgremien. Ludwig XIV. berief zeitlebens nur sehr wenige Räte in den «Oberen Rat» (*Conseil d'en haut*). In dieser für den König wichtigsten Session des Staatsrates wurde die diplomatische Korrespondenz vorgelesen und hauptsächlich über Außenpolitik gesprochen. Der «Obere Rat» trat unter dem Vorsitz des Königs in der Regel an drei bzw. vier Tagen pro Woche für jeweils ungefähr zwei Stunden zusammen. Der König präsidierte zudem regelmäßig in der zweiten Session des Staatsrates, dem Depeschenrat. Hier wurden Berichte aus den Provinzen vorgelesen und Fragen der inneren Landesverwaltung beraten. Als dritte Session des Staatsrates wurde der Finanzrat gegründet, an dessen Sitzungen der König nur anfänglich teilnahm; wichtige Angelegenheiten besprach der König lieber mit dem

Generalkontrolleur der Finanzen. Weitere Sessionen des Staatsrates waren nur zeitweise von Bedeutung oder wurden eher selten vom König besucht: der Handelsrat, der Rat für Fragen des Kalvinismus und ein vornehmlich als Gericht fungierendes Ratsgremium. Regelmäßig nahm Ludwig XIV. am Gewissensrat teil, in dem es vor allem um die Vergabe der wichtigen Posten der gallikanischen Kirche ging. Aus dem Gremium wurde seit den 1680er Jahren ein wöchentliches Arbeitstreffen mit dem zuständigen Kleriker, der auch Beichtvater des Königs war.

Kein Minister, Staatssekretär oder Höfling sollte Information und Beratung völlig monopolisieren können. Daher wurden die verschiedenen Ratsgremien und Verwaltungen an der Spitze nur vom König integriert. Die Staatssekretäre (nicht Minister als solche) leiteten die Ressorts für Äußeres, Militär, Hof und Marine sowie für die *Religion prétendue réformée* (damit war abwertend der Kalvinismus gemeint). Verwaltungschefs wie der Kanzler, der Chef des königlichen Finanzrates, der Generalkontrolleur der Finanzen, der Chef der königlichen Bauten und der des Festungsbaus erörterten an den Ratsgremien vorbei manche Angelegenheiten direkt mit dem König. Zwar vereinigten einige Personen und Familien mehrere Regierungsämter auf sich, niemand aber war zugleich Staatssekretär für Äußeres und Krieg.

Zusätzlich hielt der König mit den Chefs der verschiedenen Ressorts fast täglich abends Einzelarbeitstreffen ab. Die sogenannte «Arbeit des Königs» (*le travail du roi*), wegen der bearbeiteten Papiere auch die *liasse* (Dossier) genannt, flankierte die Arbeit in den Gremien. Als Kanal für Information und Patronage fungierte daneben das Personal der intimen Umgebung des Königs. Kammerdiener, Kleiderwärter, Leibärzte und Barbiere waren angesehene und wohlhabende Höflinge (der Dichter Molière hatte ein solches Hofamt). Sie berichteten mitunter, was andere lieber nicht aussprachen, und sie gaben an den König adressierte Bittschriften weiter. Der Umstand, dass diese Höflinge dem König fast ausnahmslos bis an ihr Lebensende dienten und dass sie ihre Stellen an ihre Nachkommen weitergeben durften, sicherte Vertrauen. «Neue» Personen sah der

König in seinem Kammerdienst ungern. Ludwig informierte sich sehr bewusst aus verschiedenen Quellen und verbrachte viel Zeit mit der Lektüre von Bittschriften, Briefen, Akten und Denkschriften.

Als theatralische Inszenierung wurde der «Regierungsantritt» von 1661 von manchen deshalb bewertet, weil alle drei Personen, die der König 1661 als Minister in den Oberen Rat berief, bereits für Mazarin gearbeitet hatten. Der Minister Hugues de Lionne (1611–1671), Staatssekretär für Äußeres seit 1663, hatte sich als Diplomat schon unter Richelieu bewährt. Der Minister Michel Le Tellier (1603–1685) war seit 1643 Kriegsstaatssekretär. Jean-Baptiste Colbert (1619–1683), von Mazarin nachdrücklich empfohlen, hatte schon 1661 den anfänglich berufenen Fouquet ersetzt, bevor er Chef mehrerer Ressorts wurde: 1664 Oberintendant und Direktor der königlichen Bauten, 1665 Generalkontrolleur der Finanzen, 1669 Staatssekretär für Hof und Marine sowie 1670 Oberintendant für Bergbau.

Gemeinsam war diesen und den meisten späteren Ministern, dass sie nicht aus dem alten Schwertadel stammten, sondern aus dem jüngeren Amtsadel. Sie verdankten ihren Aufstieg dem König und hatten, anders als die aus dem Oberen Rat ausgeschlossenen Großen des Landes, keine eigenen militärisch aktivierbaren Gefolgschaften. Stabile Klientelverbindungen blieben für die Vermittlung zentraler Herrschaft in die Provinzen, Verwaltungen, Adels- und Parlamentskreise hinein indes wichtig. So unterstützte Ludwig XIV. seine Minister und Ressortchefs sowie ihre Familien beim Aufbau von Vermögen und vorteilhaften Verbindungen; insbesondere brachte er deren Verwandte in Führungspositionen. So wurde der Sohn des Ministers Michel Le Tellier, Michel-François Le Tellier (genannt Louvois, 1641–1691), bereits zu Lebzeiten seines Vaters Kriegsstaatssekretär und Minister. Ähnlich einflussreich war nur der konkurrierende Clan Colberts. Der König vermied grundsätzlich die Monopolisierung von Stellen in Familien und sorgte durch Förderung «neuer» Familien wie der Phélypeaux für andauernde Rivalität.

Nachdruck verlieh Ludwig XIV. seiner Proklamation eigener Regierung an seinem Geburtstag, dem 5. September 1661, durch die Verhaftung des Ministers und Finanz-Oberintendanten Nicolas Fouquet (1615–1680). Mazarin hatte den Sturz Fouquets, der ihm selbst noch nützlich gewesen war, vorbereitet. Er hatte Colbert als Nachfolger aufgebaut und dafür gesorgt, dass bekannt wurde, dass Fouquet nicht nur überdurchschnittlich tief in die königliche Kasse griff, sondern auch seine Insel «Belle-Île» im Süden der Bretagne als Festung ausbauen ließ. Dies erinnerte an die *Fronde* und überschritt eine rote Linie.

In der Öffentlichkeit, die nicht wusste, dass die Tage von Fouquets Amtszeit längst gezählt waren, spielte ein anderer Umstand eine wichtige Rolle. Fouquet umgab sich mit brillanten Künstlern, begehrten Schönheiten und übertraf den König an Glanz. Schon Richelieu hatte kritisiert, dass es dem königlichen Hof daran mangelte. Vor diesem Hintergrund wurde einer der nicht wenigen Besuche Ludwigs XIV. bei Fouquet als Anlass für dessen Beseitigung gedeutet. Fouquet gab für den König in seinem neuen Schloss Vaux-le-Vicomte ein Fest mit Theater, Konzert und Feuerwerk, ein Fest, an dem nichts fehlte außer Mäßigung. Ludwig schien beleidigt, Fouquet darüber bestürzt. Fünf Wochen später ließ der König den Minister in Nantes durch jenen d'Artagnan verhaften, dem Alexandre Dumas im 19. Jahrhundert in den Musketier-Romanen ein literarisches Denkmal setzte.

Der gegen Fouquet angestrengte Prozess aber verlief nicht wie gewünscht. Während Colbert große Vermögensteile des Inhaftierten zugunsten des Fiskus einzog, schleppte sich das Strafverfahren mit Fouquet unbillig belastenden Erschwernissen und Unregelmäßigkeiten über Jahre hin – ein von der Öffentlichkeit verfolgtes Drama. Die Kammer verurteilte ihn schließlich im Dezember 1664 zur Verbannung. Der König legte als Ort die jenseits der Alpen gelegene Festung Pinerolo im Piemont fest und verschärfte die Strafe so faktisch in lebenslange Haft. Als er die Freilassung Fouquets doch noch beschloss, starb dieser 1680 überraschend und wurde so ein zweifaches Opfer königlicher Symbolpolitik: Der Sturz 1661 markierte die Ernsthaftigkeit des Herrschaftswillens Ludwigs XIV., die rechtlich grenzwertige Verschärfung des Urteils zeigte an, dass der König nicht willens war, Justizkreisen in einer politisierten Frage das letzte Wort zu lassen.

Der König verfolgte vielmehr systematisch das Projekt des Ausbaus monarchischer Herrschaft. Die Parlamente bzw. Gerichtshöfe vor der königlichen Macht zu beugen, war seit 1661 eines der Leitmotive königlicher Politik. Ludwig XIV. sah in deren Autorität auch nach der *Fronde* eine Gefahr für die monarchische Herrschaft; besonders störte ihn, so die Memoiren, die «falsche Auffassung eines angeblichen Interesses des Volkes, das dem des Königs entgegengesetzt sei und zu dessen Verteidigern sie sich machten, ohne zu bedenken, dass diese beiden Interessen ein einziges sind». Ludwig XIV. sah in den Inhabern der käuflichen Stellen der Gerichtshöfe keine Volksvertreter. Selbst eine schlechte königliche Regierung sei besser als Ungehorsam und die daraus folgende Unordnung. Er betrachtete Staat und König als Einheit: «Wenn man den Staat im Blick hat, arbeitet man für sich selbst. Des Wohl des einen ist der Ruhm des anderen» (*Réflexions sur le métier du roi*, 1679). Es ist diese Sichtweise, die andere später (nicht Ludwig XIV. selbst) auf die Formel «Der Staat bin ich» brachten. Die «Unordnung» im Staat entstehe durch die zu große Nachsicht des legitimen Königs gegenüber all jenen, «die irgendeine Art von Macht in Händen halten», die dann als «tausend und tausend kleine Tyrannen» die untersten Schichten des Landes unterdrückten. Für den König lagen Recht und Ordnung nicht in der Teilung der Gewalten, sondern in der ungeteilten königlichen Autorität.

Die Politik gegenüber all jenen Gruppen und Institutionen, welche in der *Fronde* den Aufstand gegen die Krone gewagt hatten, erschöpfte sich nicht in Repression. Sie war Teil einer vor allem von 1661 bis in die 1680er Jahre hinein systematisch betriebenen Modernisierung des Staates. Colbert kannte die großen älteren Reformvorschläge für die französische Monarchie, auch die Richelieus. Nachdem Mazarin die größten Probleme, «Spanien», «Parlamente», und den «Adel» abgearbeitet hatte, konnte er Ludwig XIV. davon überzeugen, sich Schritt für Schritt den noch unerledigten Aufgaben zu widmen. Colbert verstand es, den Glanz dieses Unternehmens auf den König fallen zu lassen, und widmete sich der Konzeption und Umsetzung mit ungewöhnlicher Energie und Zielstrebigkeit. Ludwig und Colbert kooperierten dabei eng; sie sprachen beinahe täglich miteinander im Oberen Rat, im Depeschenrat, in Einzelsitzungen, und sie führten darüber hinaus eine dichte Korrespondenz.

Vor diesem Hintergrund minderte Ludwig XIV. seit 1661 schrittweise Ansehen und Einfluss politischer Institutionen. Die Parlamente durften seit 1673 die Registrierung königlicher Gesetze nicht mehr von einer inhaltlichen Prüfung abhängig machen; das verbleibende Recht zur Remonstration wurde durch eine äußerst kurze Frist noch weiter entkernt. Damit nicht genug, der König forderte Unterstützung: Weil die Parlamente der Bretagne und der Guyenne der Entwicklung von Revolten in ihren Provinzen 1674 nicht effektiv entgegengewirkt hatten, verlegte Ludwig XIV. den Sitz des Parlaments 1675 für mehrere Jahre von Bordeaux nach Condom bzw. von Rennes nach Vannes, in entlegene Kleinstädte.

Colbert verstand die Macht der vielen «kleinen Tyrannen» (ein Topos) als Ausdruck der Schwäche zentraler Institutionen: Eine langfristig erfolgreiche Unterwerfung des Justizmilieus unter die königliche Autorität erforderte für ihn die klärende Neuordnung des Rechts. Königliche Gesetze sollten an die Stelle alter, disparater und lokal oftmals unterschiedlicher Rechtsquellen treten. Mit diesem Ziel richtete Colbert Arbeitsgruppen ein, ließ fachbezogene Korrespondenzen führen und vor Ort Erkundigungen einziehen. Unter seiner Federführung entstanden mehrere große Gesetzeswerke: die Zivilprozessordnung von 1667, die Strafprozessordnung von 1670, das Handelsgesetzbuch von 1673. Hinzu kamen 1669 das Gesetz über Forste und Gewässer sowie 1681 das Gesetz über die Handelsmarine und ihre Verwaltung. Ludwig XIV. war der einzige französische König, der eine Rechtsreform von solcher juristischen Qualität und solcher Breite durchführte.

Die langfristige Wirkung dieser Reform abzuwarten, hatte Ludwig keine Geduld. Zum Ausbau der Zentralgewalt betrieb er die rasche weitere Entmachtung der Stände und Städte.

Städte mussten beispielsweise die Einquartierung von Soldaten und die Prüfung ihrer Finanzen durch die königlichen Intendanten hinnehmen. Die Kontrolle der rebellionsgeneigten Städte Marseille und Bordeaux verstärkte der König, auch zur Abschreckung für andere Orte, durch den Bau von Zitadellen. Für Paris intensivierte er die Regierung von innen her: 1667 bekam die Stadt eine neue Polizeiorganisation. Tötungs- und Eigentumsdelikte gingen wegen verstärkter Streifen der Polizei auch in besonders gefährlichen Stadtvierteln zurück; viele (unberechtigte) Bettler und Kleinkriminelle wurden, wie in anderen Städten, vielfach in gefängnisartigen Hospitälern interniert, wenn sie nicht in die Armee gepresst oder zur Galeerenstrafe verurteilt wurden. Viele Straßen, die mancherorts Kloaken glichen, wurden gepflastert, gesäubert und nachts durch etwa 5000 Laternen beleuchtet. Zur Überwachung der Gewerbeordnung, Kneipen, Bordelle und der für die öffentliche Meinung so wichtigen Druckereien wurden Polizeispitzel eingesetzt. Wie es um das Verhältnis des Königs zu Paris stand, demonstrierte 1669 die Besichtigung eines neuen Waffenmagazins in der Bastille.

Das Projekt der Unterordnung unter die königliche Autorität betraf insbesondere den Adel. Ludwig XIV. legte in den Memoiren für den Thronfolger Wert auf die Feststellung, dass dies keine Rache (für die *Fronde*) oder sonst persönlich motiviert sei, sondern schlicht ein Gebot von «Vernunft und Pflicht». Die Mittel dazu waren Furcht und die Hoffnung auf Stellen in Militär, Kirche und Verwaltung sowie Teilhabe an der höfischen «Gesellschaft der Vergnügungen» (*société de plaisirs*) bei gleichzeitigem Abbau von Rechten. Die (erneuerbare) Amtszeit der einst so mächtigen Provinzgouverneure wurde auf drei Jahre beschränkt; residieren durften sie in «ihren» Provinzen nur mit ausdrücklicher Erlaubnis des Königs; Prinzen von Geblüt und andere große Adelsfamilien bekamen diese Stellen teils überhaupt nicht mehr, teils nur in geringerem Ausmaß. Für Furcht sorgte bei vielen Adeligen die 1666 bis 1674 durchgeführte und um 1700 wiederholte offizielle Prüfung von Adelstiteln mit dem erklärten Ziel der Aberkennung angemaßten Adels.

Diese ging insbesondere mit dem Verlust von Steuerprivilegien einher. Den Anspruch des Adels auf Autonomie beschnitt Ludwig XIV. bereits 1662 durch das neuerliche Verbot von Duellen: Über Gewalt und Ehre, so die Botschaft, bestimmte der König.

Das Projekt modernisierter Staatlichkeit umfasste nicht zuletzt die Konsolidierung der Staatsfinanzen. Bereits 1661 wurde ein Sondergerichtshof eingerichtet, der bis 1665 tagte und rückwirkend bis 1635 das Geschäftsgebaren von Steuerpächtern und Finanzverwaltern prüfte. In diesem Bereich waren Vermögensdelikte so leicht zu begehen und so verbreitet, dass es dem Gericht nicht schwer fiel, durch wenige exemplarisch harte Urteile viele Finanziers zu Rückzahlungen zu bewegen. Colbert trieb auf diese Weise so viel Geld ein, dass die Krone Darlehen tilgen konnte und der Anteil des Schuldendienstes an den Staatsausgaben um mehr als die Hälfte sank. Im selben Zuge verminderte Colbert die Zahl der «Schatzmeister» (*trésoriers de France*), die als Finanziers zwischen Steuerquellen und Krone mehr als ihr Auskommen fanden; ihre Vereinigungen wurden schon 1662 aufgelöst und ihren Einfluss auf die Erhebung der Steuern beschnitten nach und nach die königlichen Intendanten. Ludwig XIV. ließ Colbert überdies die Zahl der unter Richelieu und Mazarin geschaffenen käuflichen Ämter und Pensionen, die ihren Inhabern regelmäßige Bezüge aus dem Fiskus einbrachten, reduzieren. Manche wurden ersatzlos abgeschafft. Diese Finanzpolitik hatte neben der ökonomischen Dimension eine gesellschaftspolitische, denn der Ämterkauf war die privilegierende Grundlage des Einflusses wohlhabender Oberschichten in Justiz und Verwaltung sowie Mittel zum Aufstieg in den Adel.

Ludwig XIV. rechtfertigte diese Reformen als Entlastung der Untertanen, zog sich aber den massiven Unmut weiter Kreise der bürgerlichen und adeligen Oberschichten zu, die in Ämter und Geschäfte mit den Staatsfinanzen investiert hatten; einer der Richter im Prozess gegen Fouquet führte den Pariser Jubel über das milde Urteil 1664 auf den «Hass» zurück, «den alle in ihrem Herzen gegen die gegenwärtige Regierung tragen». Wie

Richelieu angeregt hatte, senkte Colbert die für die einfache Bevölkerung sehr belastende Kopfsteuer (*taille personelle*) und die den Steuereinnehmern zugestandene lukrative Quote für die Deckung der Eintreibungskosten. Er hob zahlreiche Steuerbefreiungen auf, erhöhte die vergleichsweise niedrige Grundsteuer (*taille réelle*), verlangte höhere Beiträge von der nur formell steuerbefreiten Kirche und machte die Domäne der Krone, deren Einnahmequellen gegen schnelles Geld verschachert worden waren, wieder rentabel. Der Erfolg der Reform stellte sich früh ein: Schon 1662 übertrafen die Einnahmen der Krone die Ausgaben.

Geld galt in dieser Zeit als das Blut des Staatskörpers. Eine «Merkantilismus» genannte, politisch gesteuerte Ökonomie sollte im Landesinneren für rasche Zirkulation und im exportorientierten Außenhandel für die Erwirtschaftung von Überschuss sorgen, beides letztlich im Interesse intensiver Besteuerung. Die Maßnahmen zur Verwirklichung dieses Konzepts reichten sehr weit. Unter Colberts Einfluss förderte die Regierung das produzierende Gewerbe durch Anwerbung europäischer Spezialisten: Aus den Niederlanden kamen Schiffs- und Bergbautechniker, aus Venedig das Know-how für die Herstellung großer Gläser und Spiegel. In Konkurrenz zur niederländischen Wandteppichweberei trat die als Symbol staatlicher Wirtschaftspolitik gerühmte Gobelin-Manufaktur. Der König besichtigte ab und an bedeutende Manufakturen und erhöhte so ihr Prestige. Wichtiger noch als staatliche Industriebetriebe waren Investitionshilfen, Subventionen, Regulierung bzw. Privilegierung von Manufakturen, Industriebetrieben und Gewerben. All dies zielte auf nachhaltige qualifizierte Ausbildung und auf die Sicherung von Qualitätsstandards ab und verbesserte die Exportfähigkeit französischer Produkte, von einfachen Textilien über Luxusgüter bis hin zu Waffen. Der Abstand des ökonomisch weiterhin von der Landwirtschaft dominierten Landes zu den führenden Handels- und Frachtverkehrsnationen, vor allem zu England und den Vereinigten Niederlanden, verringerte sich.

Handel und Produktion förderte Ludwig XIV. auch durch

Eine «Vorstellung von der Hölle» gaben Galeeren der Cousine Ludwigs XIV. bei ihrem Besuch von Marseille. Die Repräsentationsmedaille von 1688 rühmt die Aufrüstung der Flotte: «40 Galeeren in Marseille» waren Symbol der Herrschaft über das Mittelmeer.

den Ausbau der Infrastruktur. In nur fünfzehn Jahren, von 1666 bis 1681, entstand der Kanal zwischen dem Mittelmeer und dem in den Atlantik mündenden Fluss Garonne, der *Canal des deux mers*. Schleusen nach niederländischem Vorbild, über 10 000 Arbeiter und Unmengen von Sprengstoff lösten die bis dahin für unüberwindbar gehaltenen technischen Probleme.

Überdies initiierte Colbert – nach Vorläufern schon unter Heinrich IV. und Ludwig XIII. – die Gründung von königlich privilegierten und subventionierten Handelskompanien: die Gesellschaften für Handel mit West- und Ostindien (1664), mit dem Norden (1669) und in der Levante (1670). Diese sollten mit den äußerst profitablen englischen und niederländischen Gesellschaften konkurrieren. Allerdings war nur die Levante-Handelsgesellschaft, auf bescheidenem Niveau, relativ erfolgreich und langlebig. Die Entwicklung der *Compagnie des Indes* und ihrer Folgegesellschaften war von großen Komplikationen geprägt. Der Adel investierte nicht wie erhofft, der starke staatliche Einfluss schreckte private Investoren ab und verärgerte die Großhändler und Reeder der Hafenstädte, die in das System von Privilegierung und zentraler Steuerung unfreiwillig eingebunden waren. Die von den Gesellschaften getragene Politik insbesondere auf dem indischen Subkontinent (v. a. Bengalen), auf Madagaskar, Ceylon und Java zog militärische Auseinandersetzungen mit den dort erfolgreicheren Niederländern nach sich und führte zur Aufgabe mehrerer, wenn auch nicht aller kolonialen Projekte. Trotz der Schwierigkeiten legte diese Politik die Basis für die im 18. Jahrhundert erheblich erstarkende französische Präsenz im Indischen Ozean und sie förderte das seit längerem schon andauernde Ausgreifen Frankreichs im Bereich des Atlantik, von Guyana über die Karibik bis nach Kanada.

Eine solche globale Handelspolitik in Konkurrenz nicht nur zu den Niederlanden und England, sondern auch zu Spanien und zu den nordafrikanischen Barbareskenstaaten, um nur die wichtigsten zu nennen, ließ sich auf Dauer nicht ohne starke Kriegsmarine betreiben. In seiner Eigenschaft als Marinestaatssekretär legte Colbert ein Flottenbauprogramm für über 100 Kriegsschiffe und mehrere Dutzend Galeeren auf. Bereits in den 1670er Jahren hatte die Flotte etwa 120 Linienschiffe und 22 Fregatten. Zudem führte er eine Marinewehrpflicht für seefahrtsnahe Berufsgruppen in Küstennähe ein; um 1680 waren etwa 60 000 Männer erfasst. Für den Bau und die Instandhaltung dieser penibel verwalteten Flotte (1689 wurde sie mit einem Kriegsmarinegesetz reguliert) bauten Zehntausende von Arbeitern mehrere Kriegshäfen aus, teils mit großen Arsenalen, besonders Dunkerque, Toulon und Marseille. Der Kriegshafen, das Arsenal und die Stadt Rochefort wurden völlig neu gebaut, Brest mit etwas zeitlicher Verzögerung zu einem der drei bedeutendsten Marinestützpunkte des Landes.

2. *Roi de guerre:* Die französische Kriegsmaschine

Wiesen die Unterwerfung und der Ausbau des Landes durch die Handels- und Marinepolitik über Frankreich hinaus, so verstärkte die kriegerische Außenpolitik Ludwigs XIV. den Prozess der Staatsbildung im Landesinneren. Frankreich war siegreich aus den Kriegen gegen den Kaiser und gegen Spanien hervorgegangen und verfügte beim Abschluss des Pyrenäenfriedens 1659 über eine kriegserprobte Armee. Nach der Abdankung von ca. 150 000 Soldaten zählte diese um 1661 noch etwa 55 000 Mann, von denen ungefähr 10 000 zur Elite der königlichen Haustruppen (*maison militaire*) gehörten. Die Armee wurde vom König vergrößert und modernisiert. Die Landstreitkräfte erreichten um 1678 eine Stärke von etwa 400 000 gleichzeitig unter Waffen stehenden Soldaten; in Friedenszeiten war die Zahl ungefähr halb so groß. Stärker noch als die Marine war das Heer ein gesellschaftliches Schwergewicht: Hunderttausende von Soldaten mussten angeworben, uniformiert, kaserniert oder bei Privatleuten untergebracht, ausgerüstet, trainiert und als Veteranen bzw. Invaliden versorgt werden. Die starke Präsenz von Soldaten im Land veränderte langfristig die Gesellschaft, nicht zuletzt dadurch, dass das Heer im Landesinneren regelmäßig Steuer- und Hungerrevolten niederschlug. Die auch im Interesse der Armee geförderte technische und wissenschaftliche Innovation beeinflusste den Bau moderner Festungen und Magazine, die Weiterentwicklung und geradezu industrielle Herstellung von Schusswaffen (von Gewehren bis zur Artillerie). Ebenso wie die Marine wurde das Heer zum Anwendungsfall der verstärkt gelehrten Mathematik und zum Arbeitsfeld für Ingenieure.

Dass Frankreich unter Ludwig XIV. zur mit großem Abstand modernsten und stärksten Militärmacht des Kontinents wurde, lag nicht zuletzt an Louvois, dem Sohn des alten Ministers Michel Le Tellier. Louvois wurde zwar selbst erst 1672 Minister, übernahm aber schon in den 1660er Jahren von seinem Vater nach und nach die Verwaltung des Kriegsstaatssekretariats. Er unterwarf die bis dahin vom höheren Adel dominierte Armee einer sich gleichfalls modernisierenden zivilen Administration, die immerhin etwa die Hälfte, in Kriegszeiten mitunter fast drei Viertel des königlichen Finanzbudgets ausschöpfte. Wie Colbert arbeitete Louvois eng mit Ludwig XIV. zusammen, wie Colbert baute Louvois in seinem Einflussbereich ein Netz von Klientelbeziehungen auf und wie Colbert setzte er zugleich auf Modernisierung: auf Information und Inspektion, Reform und Regulierung. Selbst die Leitung der operativen Kriegführung zog Louvois an die Bürokratie – der «Kabinettskrieg» entstand. Damit verschwand nach und nach der Typus stark individuell geprägter Kriegführung, für die Feldherren wie Condé und Turenne beispielhaft waren. An ihre Stelle traten berechenbarere Formen wie Belagerungen und die «Taktik der verbrannten Erde». Dem Risiko entscheidender Feldschlachten wich der König lieber aus.

Das Gros der einfachen Soldaten kam aus der mittellosen Unterschicht, viele der zeitweise fast 20 000 Offiziere waren vermögenslose Adelige. Im Sinne von Richelieus politischem Testament integrierte Ludwig XIV. den Adel in das Heer nach Art einer adeligen Versorgungsanstalt. Um diese selbst besser steuern zu können, schaffte er schon 1661 das für Stellenpolitik zentrale Amt des Generalhauptmanns der Infanterie ab. Zudem vergrößerte er die Haustruppen mit ihrem besonders hohen Adelsanteil. Arme Adelige konnten im Militärdienst langsam Karriere machen, danach mit dem Verkauf ihrer Offiziersstellen die in der Dienstzeit aufgelaufenen Schulden tilgen und sich mit dem Überschuss zur Ruhe setzen. Vermögende Adelige konnten durch Kauf von Stellen schon in jungen Jahren hohe Ränge erreichen. Der König band den Militäradel durch eine großzügigere Ordensvergabe auch symbolisch eng an die Krone. Orden waren für die Offiziere in der von persönlicher Ehre geprägten Gesellschaft von großem Wert. Ludwig XIV. sah in dieser Möglichkeit, einer Auszeichnung, die «an sich selbst nichts ist», einen «unermesslichen Wert» zuzuschreiben, eines der «sichtbarsten Zeichen» königlicher «Macht».

Krieg zwischen Fürsten und Staaten war in Europa trotz der Idealisierung des Friedens ein übliches Element der Außenpolitik. Die Regierungszeit Ludwigs XIV. fällt in die Phase einer besonders starken Kriegsverdichtung. Die Gründe hierfür liegen auf unterschiedlichen Ebenen. Die globale Abkühlung führte weltweit zu Missernten, Hungerrevolten und schweren politischen Krisen. Die auch in Frankreich besonders kalten Jahrzehnte um 1650 und um 1700/1710 sahen besonders heftige Aufstände und besonders lang andauernde äußere Kriege.

Europa hatte zudem eine Kultur von Kriegführung und Friedensfindung entwickelt, die begrenzte Kriegführung erheblich begünstigte: Kriege richteten in Kriegsgebieten zwar die sprichwörtlichen Verheerungen an, sie vernichteten aber in der Regel nicht den politischen Gegner. War ein Krieg militärisch aussichtslos geworden, gab der Verlierer in einem Friedensvertrag lediglich Territorien oder andere Rechte ab. Die Hemmschwelle für Kriege sank selbst für kleinere Staaten durch Allianzen, aus denen man je nach militärischer Lage oder politischer Opportunität relativ leicht wieder herauskam.

Für diese Rahmenbedingungen war Ludwig XIV. nicht verantwortlich, für die besondere Aggressivität seiner Außenpolitik aber durchaus. Dass der von Richelieu idealisierte und von Mazarin realisierte Frieden dem König nicht ausreichte, dürfte mit seiner Sicht auf Europa zu tun gehabt haben. Europa wurde in der Frühen Neuzeit trotz seiner territorialen und konfessionellen Heterogenität als Einheit verstanden. Das Mittelalter hatte dieser Einheit mit dem Kaisertum eine inzwischen überholte Ordnung gegeben. Das Reich war schwächer als Frankreich und die kaiserliche Familie der österreichischen Habsburger schwächer als die Bourbonen. Seiner Geringschätzung verlieh Ludwig XIV. in den Memoiren deutlich Ausdruck: Die gewählten Kaiser sah er als «Chefs ... einer deutschen Republik», die von freien Fürsten dominiert werde. Das Reich sei weder groß noch mächtig genug, um auf Vorrang pochen zu können. Weil es «in der Welt ausnahmslos keine edlere Dynastie gebe, keine ältere Monarchie, keine größere Macht, keine absolutere Autorität» als die französische Königsfamilie, sei nicht einzusehen, warum die Bourbonen «diesen Wahlfürsten da» nachstünden. Nicht den geringsten zeremoniellen Vorrang dürfe man dem Kaiser, dem «nichtigen Namen und dem nichtigen Schatten ihres Reiches» gewähren. Frankreichs Feinde müssten sehen, dass die Bourbonen «die höchstrangige Krone der ganzen Christenheit» hätten. In Ermangelung der begehrlich verachteten Kaiserkrone beschrieb Ludwig XIV. seine eigene Position mit dem Begriff des «Schiedsrichters über Europa» (*arbitre de l'Europe*). Die vielen Fürsten und Republiken Europas, die auf ihre Eigenständigkeit hielten, sahen in dieser konfliktträchtigen Selbstbeschreibung vor allem eine Anmaßung.

Eine weitere Einstellung Ludwigs XIV. war dem Frieden in Europa ebenfalls abträglich: Ludwig rivalisierte mit den österreichischen *und* den spanischen Habsburgern, die mit Karl V. den zeitweise mächtigsten Herrscher der Neuzeit gestellt hatten. Obschon seine eigene Mutter eine Habsburgerin und Urenkelin Karls V. und obschon Spanien besiegt war, meinte Ludwig XIV., es konsequent weiter schwächen zu müssen. Als 1661 der Streit um das zeremonielle Recht des Vortritts bzw. der Vorfahrt zwischen dem spanischen und französischen Botschafter in London zu einem Tumult mit einigen Toten führte, demütigte Ludwig unter Androhung eines neuen Krieges den spanischen König. Philipp IV., immerhin sein Schwiegervater, musste sich in einem Brief entschuldigen und der spanische Botschafter im März 1662 in Anwesenheit der etwa 30 diplomatischen Vertreter europäischer Länder vor Ludwig XIV. öffentlich Abbitte leisten. Leitlinie der Außenpolitik war: konsequent gegen Habsburg, pragmatisch in den Mitteln.

Ein zugleich umfassenderes und konkretes außenpolitisches Konzept hatte Ludwig XIV. nicht. Die ältere These, er habe Frankreich planmäßig bis an seine «natürlichen Grenzen» am Rhein erweitern wollen, hat sich nicht erhärtet. Ebenso wenig zielte seine Politik langfristig auf die Erlangung des spanischen Erbes ab. Aber der König hatte die Messlatte für seine Regentschaft hoch gehängt. «Ruhm» und «Reputation» erwarben Herrscher seit der Antike vor allem durch Siege; Kriegführung war ein Symbol königlicher Autorität und Souveränität.

Seine ersten Kriege führte Ludwig XIV. nicht in Europa, sondern in Nordafrika. Das westliche Mittelmeer und der östliche Atlantik waren das Operationsgebiet von muslimischen Freibeutern, die von Algier, Salé (bei Rabat), Tunis und Tripolis aus Schiffe aufbrachten und die Christen an Bord versklavten, verkauften oder bis zur Zahlung von Lösegeldern gefangen hielten. Der Sklavenbeschaffungskrieg auf See betraf zumeist nur einige europäische Nationen, während mit anderen Ländern Handel getrieben wurde. Die Auswahl von Freund und Feind erfolgte pragmatisch. Am Beginn der Regierungszeit Ludwigs XIV. waren die Niederlande für Handel attraktiver als Frankreich, besonders nach einem Abkommen Algiers mit den Niederlanden 1663. So richteten die Barbaresken ihre Angriffe in dieser Zeit verstärkt gegen französische Schiffe. Darauf reagierte die französische Marine 1661 und 1665 mit kurzen Bombardements des Hafens von Algier. Angesichts der Aufrüstung der französischen Marine wechselten die Barbareskenstaaten die Seite. Es kam zu Verträgen mit Tunis und Algier. 1666 brachte ein algerischer Gesandter dem König zwei Löwen und einen Straußenvogel. 1682 schloss Ludwig XIV. einen Vertrag mit dem König von Marokko und ließ für dessen Botschafter die Oper «Atys» nochmals aufführen. Ludwig XIV. beteiligte sich in den 1660er Jahren zudem an zwei Kriegen gegen das Osmanische Reich. 1664 ließ er ein französisches Truppenkontingent an der Seite der Reichsarmee nach Österreich ziehen. Die erfolgreiche Abwehr einer türkischen Großoffensive in der Schlacht von St. Gotthard feierte Ludwig XIV. als französischen Sieg. Eine Niederlage musste er 1669 auf Kreta hinnehmen. Ein französisches Expeditionskorps konnte die seit 1645 andauernde türkische Belagerung der von Venezianern gehaltenen Festung Candia (Iraklion) nicht abwehren.

Die Reihe der Kriege Ludwigs XIV. auf dem europäischen Kontinent ist lang und auf den ersten Blick verwirrend, denn der König nutzte kleine Konflikte in günstig erscheinenden Bündniskonstellationen für Kriege, in deren Ergebnis Frankreich vornehmlich Gebiete der spanischen Habsburger erwarb, obschon die wichtigsten Kriegsgegner andere waren. Grund für die Konflikte waren meist Ansprüche aus Erbschaften, so im Fall des Devolutionskriegs, des Pfälzischen und des Spanischen Erbfolgekriegs. Hinzu kamen als Kriegsgrund Herrschaftsansprüche, die sich aus erworbenen Territorien ergaben (Reunionskriege), sowie Bündnispflichten (Krieg gegen Münster 1666). Die Chronologie der Kriege Ludwigs XIV. enthält daher Elemente des Zufalls. Nicht immer war er «Herr der Lage», oft war es die Dynamik instabiler Bündnissysteme von Staaten mit instabilen Regierungen.

Der Erwerb der Spanischen Niederlande hätte für Ludwig XIV. den Triumph der Bourbonen über die Habsburger besiegelt und die Nordostgrenze Frankreich bis an den Rhein herangeführt. In dieser Perspektive kaufte Ludwig XIV. 1662 Dunkerque von England und besuchte 1663 seine Armee in Lothringen: Der Vertrag von Vincennes (1661) mit dem Herzog von Lothringen hatte seiner Armee Heerstraßen bis ins Elsass geöffnet. Zudem schloss er mit Blick auf den Erwerb der Spanischen Niederlande 1662 ein Defensivbündnis mit England und eines mit den Vereinigten Niederlanden, die sich in einem über mehrere Generationen währenden Krieg gegen Spanien ihre Unabhängigkeit erkämpft hatten. Die Rivalität der beiden kolonialen Seemächte aber führte schon 1665 zum Zweiten Englisch-Niederländischen Krieg. Ludwig XIV. war mit beiden verbündet und stand folglich vor ein Dilemma, zumal mit England enge dynastische Bindungen bestanden. Der englische König Karl II. war Ludwigs Cousin und Exil-Spielkamerad. Zudem hatte Ludwigs Bruder 1661 Karls Schwester geheiratet. Dennoch erklärte Ludwig England Anfang 1666 den Krieg und ließ durch etwa 6000 Soldaten die Niederlande gegen den mit England verbündeten Fürstbischof von Münster verteidigen. Obschon der Englisch-Niederländische Krieg schon 1667 endete, war für Ludwig XIV. ein doppelter Vertrauensschaden entstanden. Karl II. betrieb gegenüber Frankreich fortan eine entschieden doppelbödige Politik. In den Vereinigten Niederlanden wuchsen Vorbehalte gegenüber dem französischen König, denn seine Soldaten hatten dort bei ihrem Hilfsfeldzug mit Gewalt Bürger vom Kalvinismus abschwören lassen.

Den ersten seiner drei großen Erbfolgekriege führte Ludwig XIV. nach dem Tod Philipps IV. von Spanien († 1665). Er ließ erklären, er verhelfe seiner Ehefrau nach dem Tod ihres Vaters zu ihrem gerechten Erbteil. Diese Rechtfertigung gab zwar dem Französisch-Spanischen Krieg von 1667/68 seinen Namen: Devolutionskrieg; aber der Rechtssatz, auf den sich Frankreich berief, entstammte lediglich einem regionalen Privatrecht. So wurde dem König vom kaiserlichen Diplomaten Lisola (1613–1674) propagandistisch wirksam vorgeworfen, die Vorherrschaft in Europa anzustreben, die «Universalmonarchie». Dies erleichterte antifranzösische Allianzen. Unter dem Eindruck des französischen Angriffs auf die Spanischen Niederlande schlossen England und die Vereinigten Niederlande schon 1667 Frieden und 1668 gemeinsam mit Schweden ein Defensivbündnis gegen Frankreich, die sogenannte Tripel-Allianz. Ludwig XIV. wagte 1668 noch keinen offenen Krieg gegen dieses Bündnis, aber er eroberte die im Besitz der spanischen Habsburger befindliche Freigrafschaft Burgund. Im schon 1668 geschlossenen Frieden von Aachen gab er sich mit einem Dutzend Festungsstädten in den Spanischen Niederlanden zufrieden, darunter Lille. Der neue spanische König Karl II. bekam die Freigrafschaft zurück. Dass Ludwig XIV. diesen Krieg so rasch beendete, lag auch daran, dass er sich mit Kaiser Leopold I. 1668 auf eine Teilung der spanischen Territorien für den wahrscheinlichen Fall des Aussterbens der spanischen Habsburger einigte. Die Chancen standen damit gut, dass Frankreich die Spanischen Niederlande nach dem Tod des nicht gesunden Spanischen Königs Karl II. ganz ohne Krieg erben würde.

Persönlich erlebte Ludwig XIV. den Devolutionskrieg als Triumph; er reiste mit seinem Hof von einer siegreichen Belagerung zur nächsten. Am Feldzug 1667 nahm er aktiv teil, ließ sich zu Pferde und an den Belagerungsgräben sehen, erteilte Befehle und kampierte mit der Armee. Nach relativ kurzen Belagerungen kapitulierten insbesondere Tournai und Lille und gaben so Anlass zu Siegesfeiern in den eroberten Städten. Nach einem Vorstoß der Armee bis vor Gent verließ Ludwig XIV. die Armee und verbrachte den Spätsommer, Herbst und den Fasching mit glänzenden Festen. Im Februar 1668 nahm er an der nur wenige Wochen dauernden Eroberung der Freigrafschaft Burgund teil. Siegesfeiern im eroberten Dole, in der Kathedrale von Paris und in Versailles beschlossen diesen Krieg.

Madame de Sévigné (1626–1696) beschrieb die Stimmung durchaus treffend: «Der König amüsiert sich damit, Flandern zu erobern.» (*Le roi s'amuse à prendre la Flandre.*) Ludwig genoss es auch als selbst regierender König, sich «an der Spitze» seiner Armee zu sehen; der Glanz vor allem seiner Gardetruppen übte eine bleibende Faszination auf ihn aus. So ließ er für den Hof und sich selbst im Friedenssommer 1669 am Fort Saint-Sébastien in der Nähe von Paris Krieg simulieren: Belagerung und Angriff, dazu Kanonade und Musketenfeuer. Ungeachtet des Friedens musterte er 1670 dort 16 000 Soldaten. Im selben Jahr bereiste er mit seiner Frau, mit deren Erbansprüchen der Devolutionskrieg begründet worden war, die neu erworbenen Gebiete. In Arras, Douai, Tournai, Oudenaarde, Courtrai, Lille, Dunkerque und Calais wurden glänzende Empfänge geboten, teils mit Illuminationen, Triumphbögen oder Feuerwerken. 1671 war Ludwig erneut mit seiner Frau und dem Hof in Flandern und sah nach dem Stand der Arbeit an den Befestigungen.

Diese Inspektion der Grenze zu den Spanischen Niederlanden entsprang nicht interesselosem Wohlgefallen, sondern war Teil der Vorbereitungen zu einem Krieg gegen die Vereinigten Niederlande. Ludwig XIV. verstand deren Tripel-Allianz von 1668 als Angriff gegen seine Reputation, Überlegenheit und Sicherheit vor äußeren und inneren Feinden. Das Sicherheitsbedürfnis Ludwigs überstieg allerdings das Maß dessen, was in den Beziehungen zwischen Fürsten und Staaten dieser Zeit als legitim anerkannt war. Der Abschluss der Tripel-Allianz gab kein Recht zum Krieg gegen die Vereinigten Niederlande; auch nicht der holländisch-französische Streit um Handelszölle und noch weniger die Tatsache, dass die Regierung der Niederlande Pamphlete und Medaillen zirkulieren ließ, welche die französische Politik scharf kritisierten und die Person und die Repräsentation Ludwigs XIV. lächerlich machten. Ein katholischer König, der in Balletten die Rollen des Kriegsgottes Mars und der Sonne tanzte, bot republikanisch-kalvinistischen Publizisten in der Tat reichlich Stoff für Satire. Selbst im publizistisch recht freien England ließ die Obrigkeit eine allzu beleidigende antifranzösische Schrift verbrennen. In Frankreich hatte man für die Urheber derartiger Kritik die Bastille.

Den ohne Rechtsgrund in Aussicht genommenen Krieg gegen die Vereinigten Niederlande bereitete Ludwig XIV. diplomatisch und bündnispolitisch besser vor als den Devolutionskrieg.

So versicherte er sich etwa der Unterstützung der Kurfürsten von Brandenburg und Köln und des Fürstbischofs von Münster. Besonders intensiv bemühte er sich um die Begrenzung des 1666 in England angerichteten Vertrauensschadens. Er ließ seine Cousine und Schwägerin Henrietta Anna mit ihrem Bruder Karl II. verhandeln. Der englische König sagte dann im Geheimvertrag von Dover (1670) gegen regelmäßige Geldzahlungen seine Konversion zum Katholizismus (doch ohne Fixierung einer Frist) und seine Unterstützung für Frankreich zu.

Den Zeitpunkt für den Angriff hielt Ludwig XIV. im Jahr 1672 für gekommen. Die Armeen Frankreichs und seiner Verbündeten eroberten eine niederländische Festungsstadt nach der anderen. Ab Juni überschritt Ludwig mit dem französischen Heer mehrfach den Rhein. Selbst die Stadt Utrecht kapitulierte; ihren kalvinistischen Dom übernahm der altkatholische Bischof und apostolische Vikar Neercassel. Als die französische Armee gegen Amsterdam zog, fluteten die Niederlande ein etwa 80 Kilometer langes, bis zu mehreren Dutzend Kilometer breites Gebiet und machten mit dieser sogenannten «Waterlinie» Amsterdam, Den Haag und die Provinz Holland uneinnehmbar. Für den Schutz der Küste hatte die niederländische Marine bereits gesorgt, indem sie die französisch-englische Flotte an der ostenglischen Küste in der Seeschlacht von Solebay entscheidend geschwächt hatte.

Trotzdem lehnte Ludwig XIV. mehrere Friedensangebote der Generalstaaten als ungenügend ab. Damit förderte er einen politischen Umsturz: In Anbetracht des katastrophalen Scheiterns der republikanischen Regierungspolitik unter Johann de Witt fand Wilhelm III. von Oranien (1650–1702) breite Unterstützung für eine Rückkehr zum Prinzip der fürstlichen Mitregierung und wurde Statthalter. De Witt hingegen wurde im August in Den Haag von einer aufgebrachten Menge ermordet.

Am Ende des Jahres 1672 konnte Ludwig XIV. zwar einen triumphalen Feldzug mit Rheinübergang vorweisen. Dieser hatte aber weder zu einem entscheidenden Sieg noch zu einem Frieden geführt, sondern in die Sackgasse von «Waterlinie» und «Solebay» und zu einem Umschwung im Bündnissystem. Wilhelm von Oranien nutzte seine verwandtschaftlichen Beziehungen zum Kurfürsten von Brandenburg sowie zum englischen König und löste beide Länder aus ihrem Bündnis mit Ludwig XIV. Karl II. riskierte auch aus wirtschaftlichen und konfessionellen Gründen mit einer Fortsetzung seiner erfolglosen profranzösischen Politik einen Bürgerkrieg, und so beendeten England und die Vereinigen Niederlande schon 1674 ihren dritten Krieg. Im gleichen Jahr stellte sich der Kurfürst von Brandenburg an die Seite Wilhelms von Oranien. 1673 schlossen sich Spanien, der Kaiser und das Reich der Auffassung an, dass die Sicherheit Europas in den Spanischen und Vereinigten Niederlanden verteidigt werden müsse (so Lisola 1671) und traten 1673 an die Seite der Vereinigten Niederlande. Den Bischof von Metz, der das Bündnis Kurkölns mit Frankreich vermittelt hatte, ließ der Kaiser 1674 verhaften. Der Fürstbischof von Münster stellte nach militärischen Fehlschlägen in den Niederlanden 1674 seine Unterstützung Frankreichs ein. Das Bündnis Frankreichs mit Schweden wurde mit der schweren schwedischen Niederlage gegen Kurbrandenburg bei Fehrbellin 1675 militärisch wertlos.

In dieser schwierigen Situation zeigte sich die militärische, ökonomische und politische Stabilität Frankreichs. Das Land stand seit 1675 praktisch allein im Krieg gegen eine breite europäische Allianz, und dennoch konnte diese nicht auf so etwas wie einen Gesamtsieg über die Militärmaschine Ludwigs XIV. hoffen. Umgekehrt wurde klar, dass trotz einer Reihe von Eroberungen wie der von Maastricht auch für Frankreich ein militärischer Sieg über die Allianz nicht möglich war. So begannen 1676 Friedensverhandlungen in Nimwegen; der Krieg endete mit mehreren 1678 und 1679 geschlossenen Verträgen.

Das Ergebnis war für Ludwig XIV. insofern zufriedenstellend, als es den 1668 wegen der Tripel-Allianz abgebrochenen Devolutionskrieg gegen Spanien vollendete. Die Vereinigten Niederlande waren gleichsam abgestraft, bekamen aber Maastricht zurück. Wilhelm von Oranien war so der eigentliche Gewinner des Krieges. Er blieb Statthalter, erhielt sein von Frankreich besetztes Fürstentum Orange zurück und hatte ein Unterpfand dauerhafter Unterstützung durch England gewonnen: die Ehe mit Maria Stuart (1662–1694), der anglikanischen Nichte Karls II. Spanien war wie ursprünglich geplant der Hauptverlierer: Es trat an Frankreich die Freigrafschaft Burgund sowie weitere Städte und Festungen in den Spanischen Niederlanden ab, darunter die 1677 bzw. 1678 eroberten Städte Cambrai, Valenciennes und Ypern. Der Kaiser überließ Frankreich das von der französischen Armee 1677 eroberte Freiburg im Breisgau; die im Vorfeld des Krieges erfolgte französische Besetzung Lothringens blieb bestehen. Nach dem Frieden von Nimwegen reiste Ludwig XIV. 1680 wie nach dem Devolutionskrieg durch die von ihm erworbenen Gebiete und verband dabei von Dunkerque bis nach Montmédy Feste und Feiern mit Festungsbauinspektionen. Unter dem Eindruck des Friedens von Nimwegen gab die Stadt Paris ihm 1680 einen gewichtigen Ehrentitel: *Louis le Grand*, «Ludwig der Große».

3. Versailles, die Kunst und die Frauen des Königs

Die Glorifizierung Ludwigs XIV. war Ergebnis einer facettenreichen Strategie der Herrschaftsrepräsentation. Es war diese «Fabrikation Ludwigs XIV.» (Burke), die vielleicht noch mehr als der Ausbau des Machtstaates dafür sorgte, dass der König von Zeitgenossen und Nachwelt als derart überragend wahrgenommen wurde. Selbst in der Verurteilung und Zerschlagung seiner Monarchie in der Französischen Revolution und in der unerbittlichen Kritik der republikanischen Geschichtsschreibung Frankreichs geht es doch immer noch um sein Bild. Die Revolution vernichtete selbst den Leichnam Ludwigs XIV., aber nicht Versailles. Sie zerstörte die Monarchie und zahllose Herrschaftssymbole, aber nicht den Staat, und sie machte Halt vor vielem, was als Kunstwerk bestehen konnte. Es war vor allem die herausragende Qualität der Kunst, in der Ludwig XIV. sein eigenes Bild herstellen ließ, welche sein Renommee überdauerte.

In dieser so ungemein erfolgreichen Strategie kam vieles zusammen: Alte Schichten monarchischer Repräsentation wie die

Verschränkung von Religiösem und Weltlichem wurden kontinuierlich gepflegt. Der Festzyklus des Kirchenjahres trug die im 17. Jahrhundert verstärkt betonte sakrale Dimension des Königtums unablässig in die Öffentlichkeit. In Kindheit und Jugend hatte der König das reiche Erbe der seit der Renaissance aufblühenden Formen monarchischer Repräsentation kennengelernt, Schloss- und Gartenbau, sakrale und profane Bilder, Skulpturen und Medaillen, das programmatische Fest. Schon Richelieu wollte mit der Gründung der *Académie Française* durch königliche Patronage die mit dem Buchdruck so stark in den Vordergrund tretenden Literaturformen besser steuern. Mazarin hatte die italienische Kunstform der Oper nach Paris gebracht und Ludwig XIV. selbst seine Rolle im Ballett gefunden. Ein staatliches Zentrum übergreifender Kunstpatronage indes gab es 1661 nicht. Viele der besten Künstler Frankreichs arbeiteten gar für Fouquet: der Architekt Le Vau, der Gartenarchitekt Le Nôtre, der Maler Le Brun, die Bildhauer Girardon und Anguier. Fouquet unterstützte auch die Theaterdichter Molière, Corneille und Quinault und den durch seine Fabeln berühmt gewordenen Dichter La Fontaine.

Fouquets Sturz führte herausragende Künstler zu Ludwig XIV. Dieser finanzierte ihre Arbeit nicht nur, sondern nahm viele Werke interessiert zur Kenntnis: Er sah, unter vielen anderen Stücken, Molières «Tartuffe» und «Amphytrion», Racines «Alexander der Große», «Bérénice», «Andromache» und «Iphigenie» sowie den «Cid», den «Ödipus» und den «Tod des Archill» von Pierre bzw. Thomas Corneille. Für und vor Ludwig XIV. wurde die erste Oper in französischer Sprache aufgeführt: «Alceste» von Lully (Musik) und Quinault (Text). Fast alle diese Stücke problematisierten, mehr oder weniger abstrakt, auch Aspekte des Umfelds und der Herrschaft Ludwigs XIV. Das Ballett über «bemäntelte Liebschaften» (1664) kam bald nach der Geburt eines unehelichen Kindes des Königs auf die Bühne; Molières «Hyperion» machte gegen Jupiter (den König) gerichtete Eifersucht lächerlich; die Oper «Atys» versicherte dem Publikum, dass die Sonne (der König) Tränen trockne, Blumen wachsen lasse und dass das Reich der Liebe frei sei von Pflicht. Die

Selbstreflexivität des Hofes ging so weit, dass Ludwig 1669 das Wachsfigurenkabinett mit «den wichtigsten Personen des Hofes» von Antoine Benoist besuchte.

Dem König bot die Menge dieser auf ihn bezogenen Kunstwerke die Möglichkeit, hinter den oszillierenden Allegorien und Deutungen zu verschwinden. Kunst war für ihn vielschichtig: Sie gehörte zur Erholung (*divertissement*) wie zur Magnifizenz; sie zeigte ihm die Dimensionen seiner Rolle, war zugleich Identifikationsangebot und politische Repräsentation. Ludwig XIV. erschien in Kunstwerken als der Gute Hirte des Neuen Testaments und als neuer *Saint Louis*, als römischer Kaiser und als der Sonnengott Apollon. Bei den jährlich inszenierten großen Balletten wurden manche solcher Bilder zu Rollen. In den 1660er Jahren trat Ludwig unter anderem 1662 als Kriegsgott Mars auf und 1669 im gleichfalls mehrfach aufgeführten «Ballet der Flora» als Sonne. Es war das letzte große programmatische Ballett, in dem der König auftrat.

Die königliche Kunstförderung war deshalb so intensiv, weil Colbert sein auf starken Institutionen und persönlicher Patronage beruhendes System staatlicher Herrschaftsintensivierung auf den Bereich der Künste übertrug. Beraten ließ er sich dabei von Jean Chapelin (1595–1674), der schon Richelieu bei der Gründung der *Académie Française* unterstützt und 1662 ein Projekt für die Nachhaltigkeit des königlichen Ruhmes vorgelegt hatte: «den Glanz der Taten des Königs bewahren» (*conserver la splendeur des entreprises du roy*). Zu diesem Zweck wurden mehrere Akademien gegründet, die Künstlern und Gelehrten Aufträge, Einfluss, Einkommen, Prestige, aber auch stete Konkurrenz sicherten. Aus den 1661, 1669 und 1671 gegründeten Akademien für Tanz, Musik und Oper ging 1672 die Königliche Akademie für Musik hervor. 1663 reorganisierte Colbert die Akademie für Malerei; diese bekam in Rom eine Außenstelle für das Studium der Meisterwerke von Antike, Renaissance und Barock. 1666 trat die Akademie der Wissenschaften zusammen. Eine Akademie für Architektur (1671) durfte nicht fehlen, eine für das Theater entstand 1680 mit der *Comédie Française*. 1663 entwickelte sich innerhalb der *Acadé-*

mie Française die Keimzelle der 1701 gegründeten Akademie für Inschriften; sie kümmerte sich um die Gestaltung und Kommentierung der über 300 verschiedenen Medaillen, welche dauerhaft die Leistungen Ludwigs XIV. dokumentieren sollten. Die vielen vom König geförderten Historiker (Racine war seit 1677 königlicher Historiograph) und Akademiker wussten aus ihrer Beschäftigung mit antiken Münzen und Medaillen, wie sehr dieses Medium einst das Bild des Königs prägen würde.

Von den protegierten Künstlern wurde die Behandlung des Königtums erwartet, und Ludwig ließ sich bei zahlreichen wichtigen Aufträgen verschiedene Entwürfe vorlegen, kommentierte und wählte aus. So wurden neben der Themenwahl Fragen des Stils ganz besonders wichtig. Paradoxerweise förderten die königlichen Akademien so indirekt die Autonomie der Kunst.

Zur Unterstützung der Kunstproduktion kam eine regelrechte Publikationsoffensive hinzu. Diese betraf nicht nur Dichtung, Literatur, Geschichtsschreibung und politische Schriften. Auch zahlreiche Gemälde und Objekte wurden als Druckgraphiken dem Publikum in Frankreich und Europa bekannt gemacht. Selbst die Medaillen auf die «Taten» Ludwigs XIV. wurden in Katalogen zusammengestellt und erläutert. Die «Gazette» hielt flüchtige Ereignisse des höfischen Lebens fest. Die großen programmatischen Feste der Jahre 1664, 1668 und 1674 wurden in Druckwerken dokumentiert, mit den Texten aufgeführter Stücke und Abbildungen der wichtigsten Szenerien. Lobgedichte und Gemälde feierten wichtige Begebenheiten. Mithilfe der Medienmaschinerie der königlichen Repräsentation wurde aus der militärisch nutzlosen Überquerung des Rheins beim Feldzug von 1672 eine Heldentat, die den König nicht nur über die am Fluss gescheiterten Spanier erhob, sondern sogar über Cäsar.

Ludwigs persönliche künstlerische Interessen lagen bei Bühnenwerken (Ballett, Oper, Theater), Medaillen, Gartenbau und Architektur. Am Anfang der Bautätigkeit des Königs stand die Erfahrung des Scheiterns mehrerer großer Pläne für den Louvre, der 1661 bei einem Feuer beschädigt worden war. An der Neugestaltung des Schlosses hatte der vom König geschätzte Architekt Le Vau schon seit Mitte der 1650er Jahre gearbeitet. Colbert bremste Le Vau aus und sorgte dafür, dass der König den seinerzeit berühmtesten Architekten und Bildhauer, Lorenzo Bernini (1598–1680), nach Paris einlud. Bernini schuf zwar 1665 eine großartige Porträtbüste Ludwigs XIV. Sein Entwurf für den Louvre scheiterte jedoch unter anderem daran, dass er nicht dem Sicherheitsstandard entsprach, den man an einen Königspalast in Paris stellte; Colbert plädierte schon aus Kostengründen für den Louvre als königliche Hauptresidenz. In Paris zu leben, kam für Ludwig XIV. allerdings nicht in Betracht; er hielt überdies an Le Vau fest. Am Ende stand ein Kompromiss, an dem viele beteiligt waren: Le Vau und d'Orbay, Le Brun sowie Claude Perrault. So entstanden die majestätischen Kolonnaden des Louvre, in den Akademien und Künstler einzogen, aber nicht der große Wurf.

Fortan setzte sich Ludwig XIV. bei Bauprojekten über die in der Regel finanziell motivierten Einwände Colberts meist hinweg. Die 1670 beschlossene Errichtung eines neuartigen Hospitals für Kriegsinvaliden übertrug er von Anfang an Louvois. Dieser ergriff die Chance, aus dem Budget von Militär und Kirche dem König und sich selbst ein Denkmal zu errichten. Das *Hôtel Royal des Invalides* lehnte sich an Hospitalbauten und an den Escorial an, das spanische Königsschloss bei Madrid, das Palast, Kloster und königliche Grabstätte verbindet. 1671 erfolgte die Grundsteinlegung, und schon 1674 waren die Wohntrakte so weit hergestellt, dass die ersten Invaliden einziehen konnten. Innen rühmten Gemälde siegreicher Schlachten die Armee, den König und, dezent, Louvois. Seit 1676 erinnerte eine Medaille an diese Gründung. Ludwig besichtigte den ihm sehr wichtigen Bau mehrfach; die Hospitalkirche – der Pariser Invalidendom – wurde 1706 in seiner Anwesenheit geweiht.

Zum Ort der größten Verdichtung königlicher Repräsentation machte Ludwig XIV. das kleine Jagdschloss seines Vaters, Versailles. Als 1662 die Bauarbeiten begannen, war dem König nicht klar, dass die Arbeiten bis 1712 dauern würden und dass er nacheinander verschiedene Konzepte verwirklichen würde.

In der ersten Entwicklungsphase entstand ein nicht nur für die Jagd, sondern in erster Linie zum sommerlich-festlichen Vergnügen im Garten genutztes Lustschloss: Konzerte, Theateraufführungen, Bälle, Festessen, Feuerwerke, Ausfahrten ... Der von Le Nôtre konzipierte Garten hatte trotz der Fülle einzelner Boskette für Bassins und Skulpturen und ungeachtet des Labyrinths, in welchem Skulpturen Fabeln von Äsop und La Fontaine darstellten, ein klares Programm: Er verherrlichte den Gott Apoll und damit den König. Neben einem kleinen Anbau für Wohnzwecke und einer Orangerie entstanden ab 1662 vor allem drei Wasserbauten: die Grotte der Thetis, das Bassin der Latona und das Bassin des Apoll. Thetis ist in der antiken Mythologie die Tochter der Götter von Himmel und Erde sowie Schwester und Gattin des Meeresgottes; sie und ihre Nymphen beherbergten nachts nach seiner täglichen Fahrt auf dem Sonnenwagen den Gott Apoll. Die Skulpturen im Bassin des Apoll stellen dessen morgendlichen Aufbruch dar: Zwischen der Thetisgrotte und dem Bassin des Apoll lag der Brunnen der Latona, der Mutter Apolls. Als Geliebte Jupiters mit ihren kleinen Kindern auf der Flucht vor dessen Gattin kam sie an ein Gewässer; die Bauern, die sie nicht daraus trinken lassen wollten, wurden auf ihre Verwünschung hin zu Fröschen. Darin durfte man eine Anspielung auf die *Fronde* oder die Geliebte des Königs erkennen.

In der zweiten Bauphase wurde Versailles zu einem Residenzschloss ausgebaut, das wie Vincennes, Fontainebleau und Saint-Germain-en-Laye längere Aufenthalte erlaubte. Für die Minister entstanden separate Pavillons. Das alte Schloss wurde von 1668 bis 1670 vom Architekten Le Vau nach Süden und Norden hin mit neuen Räumen ummantelt, den *Grands Appartements*. Diese erhielten eine repräsentative Innenausstattung von größter künstlerischer Qualität: Götter, Helden, Kaiser und Feldherren der Antike führten die Betrachter zu dem Schluss, dass Ludwig XIV. ihnen nicht nur gleichkam, sondern sie übertraf. Im Garten entstand seit 1668 in mehreren Bauphasen der große Kanal; er leitete die Sicht vom Schloss zum Horizont, diente mit künstlichen Inseln als Ort für Feste und erinnerte mit kleinen Kriegsschiffen an die Marine. 1672 begann der Bau der Stadt

Der Hof Ludwigs XIV. brachte die erste französische Oper zur Aufführung, *Alceste*. Sie wurde 1674 in Versailles im Rahmen eines großen Festes nochmals aufgeführt.

und der Pfarrkirche von Versailles; viele Höflinge bauten kleine Palais für ihre Aufenthalte bei Hof. Sobald sich die Regierungstätigkeit und Repräsentation im Schloss verdichteten und dieses seinen Charakter als Lustschloss verlor, ließ Ludwig ein neues Lustschloss im Park errichten; so entstand ab 1670 das Trianon.

Am Ende des Kriegs gegen die Vereinigten Niederlande begann die dritte Bauphase, der Ausbau von Versailles zur dauerhaften königlichen Hauptresidenz. Ab 1678 entstanden die gewaltigen Seitenflügel für die Verwandten des Königs, für die Höflinge und Minister und damit zum Ruhme des «erhabenen Apollon», so der Schriftsteller Charles Perrault 1687, das größte Schloss der damaligen Welt (siehe Abb. auf S. 115). Besondere Schwierigkeiten bereitete das Wasser: Einerseits mussten sumpfige Flächen trockengelegt bzw. zu Bassins ausgebaut werden, andererseits fehlte es in der Gegend an Wasser für die Menge der spektakulären Wasserspiele, Brunnen und Fontänen. Es entstand so eines der technischen Wunderwerke dieser Zeit, die

«Maschine von Marly», ein von der Seine angetriebenes Pumpwerk. Es hob das Flusswasser auf ein Aquädukt, auf dem es nach Versailles floss. Der Bau eines Kanals und zweier weiterer großer Aquädukte für die Wasserversorgung wurde nicht vollendet; auf dieser Nebenbaustelle allein arbeiteten bis zu 30 000 Männer, die meisten von ihnen Soldaten. 1687 starben mehrere Tausend an Sumpffieber (Paludismus); die überlebenden Soldaten wurden wegen des Ausbruchs eines neuen Krieges abgezogen. Die Arbeiten am Nordflügel dauerten bis 1689 und erforderten den Abriss der Grotte der Thetis. Ihr Verschwinden unterstreicht die programmatische Neuausrichtung des Schlosses, die Überlagerung eines apollinischen Gartenidylls durch die am imperialen Rom orientierte Darstellung des Königs.

Zentrum dieses neuen Programms wurde der von 1678 bis 1682 gebaute und ausgestattete Spiegelsaal. Er liegt zwischen den Prunkappartements des Königs und der Königin und war durch den Salon des Krieges auf der Seite des Königs und den Salon des Friedens auf der Seite der Königin mit diesen verbunden. Zeigten die *Grands Appartements* die übertroffenen mythologischen und historisch-mythischen Vorbilder, so bot die *Galerie des Glaces* wie eine Gemäldegalerie in einer Vielzahl von Deckengemälden das Porträt des Königs; nicht allegorisch wie zeitweise geplant durch die mythische Figur des Herkules, sondern den König selbst.

Der Maler Le Brun stellte wie die Medaillen die offizielle Geschichte Ludwigs XIV. dar: Ausgehend von der Übernahme eigener Regierungsverantwortung 1661 besiegt er wie Jupiter alle Formen von Chaos: die Duelle, die Unsicherheit von Paris, eine Hungersnot, die Türken in Österreich. Er setzt die diplomatisch-zeremonielle Anerkennung des Vorrangs Frankreichs in Europa durch; er erwirbt Dunkerque, baut das Hospital für die Invaliden, den Kanal zwischen Mittelmeer und Atlantik, fördert die Marine und Seefahrt, gründet die Akademie der Künste und reformiert Justiz und Finanzen. Vor allem verherrlichen die Deckengemälde den Devolutionskrieg und den Holländischen Krieg: Ludwig XIV. verteidigt die Niederlande gegen den Fürst-

Françoise-Athénaïs de Rochechouart de Mortemart, verheiratet mit dem Marquis de Montespan, geistreiche und «triumphierende Schönheit» (Madame de Sévigné), war etwa vierzehn Jahre lang Geliebte Ludwigs XIV.

bischof von Münster, er besiegt im Holländischen Krieg die Vereinigten Niederlande, das Reich und erneut Spanien. Gerühmt werden die schnellen Eroberungen von Maastricht und Gent, die gleichzeitige Eroberung von vier Festungsstädten, die Überquerung des Rheins und schließlich der vom König gegebene Frieden. Eine solche Überhöhung eines Herrschers hatte es seit der Antike nicht gegeben. Diese Art Darstellung von Geschichte wurde durch ihre Kostbarkeit, ihre Dimensionen und ihren Glanz selbst Ereignis. Von Anfang an öffentlich zugänglich, erregten Versailles und besonders der Spiegelsaal als Ausdruck des imperialen Anspruchs Ludwigs XIV. auf Vorherrschaft in Europa fast überall in Europa zugleich Bewunderung und Kritik.

Als der Spiegelsaal und die hinter den *Grands Appartements* liegenden Wohnräume 1682 fertig waren, ließ sich der König mit dem Hof und Teilen der Regierung in Versailles dauerhaft nieder. Versailles wurde so nicht nur zum Hauptort der Repräsentation, sondern zum Symbol höfischer Ordnung.

Der Umzug nach Versailles war eng mit einer anderen Zäsur verbunden: 1683 starben Colbert und die ungeliebte Frau des Königs. Dass von Maria Theresia der Ausspruch berichtet wird, sie habe seit ihrer Eheschließung mit Ludwig XIV. nur einen einzigen glücklichen Tag erlebt, ist verständlich: Sie konnte, am spanischen Hof auf ihre künftige Funktion als französische Königin auch sprachlich kaum vorbereitet, die ihr zukommende Führungsrolle bei Hof nicht ausfüllen. Überdies hatte sie mit dem König zwar sechs zwischen 1661 und 1672 geborene Kinder, doch waren bis Ende 1672 fünf von diesen Kindern gestorben. Ludwig belastete seine Ehe zudem mit zahlreichen flüchtigen Affären sowie mit mehreren, oft parallel geführten dauerhaften Beziehungen zu anderen Frauen. Mit Françoise Louise de la Baume Le Blanc (1644–1710), die als Hoffräulein seiner Schwägerin 1661 an den Hof kam, hatte der König vier zwischen 1663 und 1667 geborene Kinder. Erst nach dem Tod seiner Mutter Anna von Österreich, die eine derartige Demütigung ihrer Nichte und Königin nicht geduldet hätte, gab Ludwig seiner Geliebten mit dem Titel als Herzogin von La Vallière einen hohen zeremoniellen Rang bei Hof und legitimierte das zu diesem Zeitpunkt lebende Kind. Wie die Königin litt Louise de la Vallière an der Promiskuität des Königs und dem höfischen Zusammenleben mit dessen Frau und anderen Geliebten. Sie brauchte gleichwohl mehrere Jahre, bis sie den König dazu brachte, ihren Eintritt in den Karmeliterorden zu genehmigen; vor ihrem Abschied vom Hof bat sie die Königin 1674 öffentlich um Vergebung.

Dramatischer wurde diese schon von Zeitgenossen in Romanform gegossene Dreiecksbeziehung (mit Nebenaffären) dadurch, dass Ludwig XIV. 1667 eine Beziehung mit einer verheirateten Hofdame seiner Frau einging, mit Françoise-Athénaïs de Rochechouart de Montemart (1640–1707), bekannt auch nach ihrem Ehenamen als Madame de Montespan. Diese war eine legendäre Schönheit und sie verfügte über ein in ihrer Familie gepflegtes, außergewöhnliches Konversationstalent. Der selbst eher schweigsame und nur mit Bedacht sprechende König schätzte ihren Esprit, der es ihr zudem erlaubte, sich bei Hof zu behaupten. Das war nicht einfach, zumal sie im Dienst der über das Verhältnis bald informierten Königin stand, bei Hof wohnte und regelmäßig mit der bei Hof ebenfalls präsenten Louise de la Vallière zusammen war. Schwierigkeiten und bei Hof in Saint-Germain-en-Laye eine heftige Szene machte anfänglich auch ihr Ehemann; auf dessen Mangel an Klugheit reagierte der König, indem er ihm den Aufenthalt bei Hof und in Paris verbot. Madame de Montespan bekam mit Ludwig XIV. zwischen 1669 und 1678 sieben Kinder, von denen vier beide Eltern überlebten.

Das Verhältnis des Königs mit seiner neuen, ehrgeizigeren Geliebten sorgte für eine Reihe von Turbulenzen. Zu den schweren gehörte eine der Krisen im Verhältnis Ludwigs XIV. zur Kirche. 1675 verweigerte ein Priester in Versailles der in doppeltem Ehebruch (sie und der König waren verheiratet) lebenden Madame de Montespan die für die Kommunion erforderliche Absolution. Ihrer Stellung beim König zu sicher, führte sie Beschwerde, doch stellten sich wichtige Kleriker hinter den Vikar. Der König wiederum wusste um die Bedeutung des religiösen Fundaments seiner Herrschaft: Er hatte während des Verhältnisses mit Madame de Montespan bereits die Berührung der Kranken erheblich reduziert; zu einem skandalösen Zerwürfnis mit der Kirche war er um einer Geliebten willen nicht bereit. Kurz vor Ostern 1675 beendete er die intime Beziehung und versprach seiner Frau, seinem Sohn und mehreren Geistlichen ein Ende des Dauerehebruchs. Die sinnlich-festliche Stimmung bei Hof, die seit 1662 fast jeden Sommer geprägt hatte, war vorbei. Sie kam auch nicht so recht wieder, als Ludwig und Madame de Montespan ab Sommer 1676 ihre intime Beziehung wieder aufnahmen und 1677 und 1678 ihre letzten beiden gemeinsamen Kinder bekamen.

Für die Eintrübung der Stimmung sorgte nicht zuletzt das Verhältnis des Königs zu einer weiteren Frau. 1674 kam Françoise d'Aubigné (1635–1719), nach ihrer 1674 erworbenen Herrschaft Maintenon auch Marquise de Maintenon genannt, an den Hof. Aus verarmtem kalvinistischen Adel stammend, hatte sie einen Teil ihrer Kindheit und Jugend in der Karibik verbracht. 1652 heiratete sie, inzwischen katholisch, Paul Scarron (1610–1660), einen gelähmten Dichter. Dieser unterhielt einen der geistreichsten Salons von Paris und verhalf seiner Frau so zu vollendeter Konversation und guten Beziehungen: Madame de Montespan übertrug der verwitweten Françoise d'Aubigné die Aufgabe, ihre und des Königs Kinder diskret aufzuziehen. Als Ludwig seine Kinder aus der Beziehung mit Madame de Montespan an den Hof holte, behielt die «Witwe Scarron» ihre Funktion. Der König schätzte sie bereits zuvor als engagierte Erzieherin seiner Kinder und er schätzte vor allem – wieder – ihre Konversation, die laut Madame de Sévigné «ohne Zwang und ohne Gehässigkeit» auskam, also ohne die Schärfe der Madame de Montespan. Diese erkannte in ihr eine Rivalin und reagierte entsprechend. Aber anders als Louise de Vallière hielt Madame de Maintenon den mit der Eifersucht wachsenden Anfeindungen von Seiten der Madame de Montespan stand. 1679 wurde sie als Hofdame der Ehefrau des Thronfolgers mit einer Stelle bei Hof abgesichert. Geliebte des Königs wurde sie wahrscheinlich erst im Verlauf des Jahres 1680 vor dem Hintergrund der sogenannten Giftmordaffäre.

Diese Giftmordaffäre belastete den König und den Hof vor allem in den Jahren 1679 bis 1682. Sie schwelte seit 1672, als sich im Nachlass eines Geliebten der Marquise de Brinvilliers Hinweise darauf fanden, dass diese ihren Vater und ihre Brüder vergiftet hatte. Der Prozess gegen die 1676 hingerichtete Frau sorgte in Paris und bei Hof für großes Aufsehen, denn es sah so aus, als sei die Benutzung des sprichwörtlichen «Erbschaftspulvers» recht verbreitet. Der König befahl weitere Nachforschungen. Die Aussagen über Lieferanten und Kunden, die nach der Verhaftung der Gifthändlerin Catherine Deshayes, genannt «La Voisin», von ihr nahestehenden Personen gemacht wurden, betrafen so viele und so hochrangige Personen, dass Ludwig XIV. 1679 die Einrichtung eines Sondergerichtshofes (*chambre ardente*) befahl. Bis zu seiner Auflösung 1682 führte dieses Gericht Ermittlungsverfahren gegen ungefähr 440 Personen (viele davon aus Kreisen der hohen Justiz und des Hofes). Es verurteilte 36 Personen zum Tod, 23 zur Verbannung und schickte fünf auf die Galeeren.

Dass die Giftmordaffäre auch ihn selbst betraf, erfuhr der König Ende 1680. Madame de Montespan wurde in verschiedenen Verhören beschuldigt, seit 1667 Kontakt zu Deshayes gehabt und Gift für die Ermordung einer Rivalin bestellt zu haben. Dies ließ sich auf Angélique de Fontanges (1661–1681) beziehen: Das Hoffräulein von Ludwigs Schwägerin war 1679 Geliebte des Königs, erlitt im Januar 1680 eine Fehlgeburt und starb 1681 an den Folgen. Um die Mutter seiner inzwischen legitimierten Kinder, den bereits beschädigten Hochadel und sich selbst vor dem Skandal zu schützen, wurde die Arbeit der Kammer vorübergehend unterbrochen. Verhörprotokolle, die Madame de Montespan und ihr nächstes Umfeld belasteten, wurden dem Gericht nicht mehr vorgelegt, wohl aber, über Louvois, dem König. Die Liste der Vorwürfe gegen Madame de Montespan wurde länger und ungeheuerlich: Sie habe Liebespulver zur heimlichen Verabreichung an den König bestellt und mehrere Schwarze Messen mit Kindermord abhalten lassen, um den Erhalt der intimen Beziehung mit dem König zu bewirken.

Die Lösung für das Problem kam von Colbert. Eine von seinen Töchtern war mit einem Neffen der Madame de Montespan verheiratet. Die so verbundenen Colbert und Rochechouart waren im höfischen Beziehungsgeflecht Konkurrenten des Clans von Le Tellier und Louvois. Colbert analysierte die Giftmordaffäre politisch, und so fiel ihm auf, dass neben Madame de Montespan erstaunlich viele Personen aus seinem engeren Umfeld beschuldigt wurden, aber nicht aus dem Umfeld Le Telliers und dessen Sohnes Louvois. Das sah nach einer Intrige aus. Colbert argumentierte daher beim König für die Unschuld der Madame de Montespan. Dies überzeugte den König: Wegen ihres hohen Ranges bot ihre Denunziation den in die Giftmordaffäre verwickelten Personen die Aussicht auf eine diskrete Beendigung ihrer Verfahren ohne Todesstrafe.

Mit dieser Sicht auf die Dinge ließ sich weiter verfahren: Das Sondergericht nahm seine Arbeit wieder auf. Mit dem Umfeld von Madame de Montespan befasste sich der König persönlich und ließ mehrere Personen, die er für schuldig hielt, sich an Schwarzen Messen und Kindermord beteiligt zu haben, ohne Gerichtsurteil lebenslänglich in entlegenen Festungen einsperren. Vielen hochrangigen Personen blieben durch diese Spaltung des Verfahrens reguläre Verurteilungen erspart. Mit einer lebenslänglichen Verbannung aus Frankreich kam beispielsweise Mazarins Nichte Olympe Mancini davon, inzwischen verheiratet mit einem Prinzen von Savoyen-Carignan und Mutter des Prinzen Eugen, der dem König später als österreichischer Feldherr noch einigen Kummer bereiten sollte. Der sehr erfolgreiche Marschall François-Henri de Montmorency (1628–1695) wurde nur einige Jahre vom Hofe verbannt. Ludwigs intimes Verhältnis zu Madame de Montespan endete im Verlauf der Giftmordaffäre. Dennoch verbrachte der König mit ihr täglich etwas Zeit; der Öffentlichkeit galt sie noch mehrere Jahre als seine Mätresse. Die 1677 und 1678 geborenen gemeinsamen Kinder legitimierte Ludwig im November 1681. Erst 1684 musste Madame de Montespan ihr großes Appartement in Versailles aufgeben und im Schloss in eine kleinere Wohnung umziehen; 1691 verließ sie den Hof endgültig.

IV. Der alternde Monarch (1680–1715)

Der Friede von Nimwegen 1678/79 konnte als Nachweis gelten, dass die von Ludwig XIV. durchgesetzten Reformen von Recht, Verwaltung und Armee erfolgreich gewesen waren. Der Ehrentitel *Louis le Grand* 1680, der Umzug nach Versailles und der Spiegelsaal 1682 sorgten für Renommee. Gleichwohl: Seit 1670 trat er nicht mehr im großen höfischen Ballett auf und 1679 vollendete er sein vierzigstes Lebensjahr. Damit wurde er nach den Maßstäben der Frühen Neuzeit nun ein älterer, ja alter Mann. Im Jahr der dauerhaften Niederlassung des Hofes in Versailles war Ludwig XIV. älter, als sein Vater geworden war. Ende 1683 waren mindestens neun seiner Kinder schon gestorben, und er selbst war bereits Großvater.

In dieser Lebensphase, von der er nicht wissen konnte, wie lange sie noch dauern würde, betrieb der König eine Politik der Konsolidierung und Intensivierung des mit Colbert und Louvois teils begonnenen, teils umgesetzten Programms – die Finanzen freilich ruinierte der fortan fast kontinuierlich geführte Krieg. Das Verhältnis Ludwigs XIV. zu seiner Umwelt blieb geprägt vom Primat der Selbstbehauptung, der Geltung und der Beherrschung politischer und gesellschaftlicher Kräfte und Situationen. In diesem Sinne gab er seinem Enkel Philippe, als dieser spanischer König wurde, einen Rat als besonders wichtig mit auf den Weg: «Lassen Sie sich nicht regieren, seien Sie der Herr.» (*Ne vous laissez pas gouverner; soyez le maître.*)

1. Teurer Triumph: Kriege und Kolonien

Gegen eine Allianz großer und mittlerer Staaten konnte die französische Kriegsmaschine selbst in einem mit großem Einsatz geführten Krieg nur relativ wenig erreichen. Diese Erfahrung des Friedens von Aachen (1668) wurde durch den Frieden von Nimwegen (1678/79) zu einer Einsicht. Ludwig XIV. setzte die Gebietserweiterungen im Osten zwar fort, aber mit einer anderen Strategie, der Politik der sogenannten Reunionen. Der König verlangte von zahlreichen Territorien, vor allem im Elsass und in Lothringen, die Anerkennung der französischen Oberhoheit auf der Basis der alten lehensrechtlichen Untertänigkeit gegenüber nunmehr französischen Herrschaften. Die französische Armee verlieh diesen Forderungen unwiderstehlichen Nachdruck. Frankreich annektierte so nach und nach eine Vielzahl von Herrschaften, die zusammen sehr groß waren und das Staatsgebiet über sehr weite Flächen bis fast an den Rhein heranrücken ließ.

Die einzelnen Territorien waren indes jeweils so klein, dass sich um ihretwillen keine Allianz europäischer Staaten zusammenschloss. Vielmehr gewann die französische Diplomatie im Reich neue Partner. 1679 schloss Brandenburg gegen Zahlung von Subsidien ein Bündnis mit Frankreich ab. Bayern konnte mit der 1680 vollzogenen Eheschließung der Tochter des Kurfürsten mit dem französischen Thronfolger gewonnen werden. In Flandern führte Frankreich bereits während der Verhandlungen über die Grenzziehung zur Durchführung des Friedens von Nimwegen einen nicht erklärten Kleinkrieg gegen Spanien.

Ein Wendepunkt in der Reunionspolitik war die Einverleibung der wichtigen Reichsstadt Straßburg. Angesichts von etwa 30 000 französischen Soldaten vor ihren Toren ergab sich die Stadt im September 1681. Ende Oktober hielt Ludwig XIV. mit dem Thronfolger, seinem Bruder und seiner Frau Einzug in die Stadt. Zwar nicht die Stadt, aber doch das Straßburger Münster (wie 1672 der Dom von Utrecht) wurde rekatholisiert; dort beging Ludwig die Siegesfeier mit einem *Te Deum*. Nach den weniger spektakulären Reunionen sorgten die Annexion Straßburgs und die (vergebliche) französische Belagerung der stark befestigten, zu den Spanischen Niederlanden gehörenden Stadt Luxemburg in den Jahren 1681 und 1682 für den Abschluss einer ganzen Reihe von Verteidigungsbündnissen zwischen kalvinistischen, katholischen und lutherischen Fürsten und Reichskreisen. Sogar Hessen-Kassel und der Kaiser (1682), deren Feindschaft einer der Hauptgründe für die Schwere und Länge des Dreißigjährigen

Krieges gewesen war, traten bei. Wilhelm III. von Oranien hatte den französischen Überfall auf die Vereinigten Niederlande von 1672 nicht vergessen und förderte das Entstehen überkonfessioneller Allianzen nach Kräften; 1683 verbündeten sich auch Spanien, die Vereinigten Niederlande, der Kaiser und Schweden.

Der Ruf Ludwigs XIV. in Europa nahm noch weiteren Schaden, denn die französische Armee fehlte 1683 bei der Verteidigung Wiens gegen die Großoffensive des Osmanischen Reiches. Ludwig XIV. inspizierte währenddessen seine Armee im Elsass und die Befestigungsarbeiten Saarbrückens, das er 1680 annektiert hatte. Im Herbst 1683 verwüstete die französische Armee Landstriche in Flandern und eroberte wieder einmal Courtrai, 1684 dann Luxemburg und Trier; die Marine bombardierte zur «Strafe» für die Lieferung von Galeeren an Spanien Genua schwer, auch mit Spreng- und Brandbomben. Im folgenden Jahr musste der Doge von Genua in öffentlicher demütigender Audienz bei Ludwig XIV. Abbitte für seine prospanische Politik leisten. Als Bühne für dieses Schauspiel nutzte der König ausnahmsweise den Spiegelsaal. Silberne Prunkgefäße und ein großer silberner Thron unterstrichen die königliche Macht.

Dieses Silbermobiliar musste Ludwig schon wenige Jahre später in Geldmünzen umarbeiten lassen, denn der kurze Krieg von 1683/84 führte nicht zu einem dauerhaften Frieden – zu groß war in Europa das Misstrauen gegenüber der ungebrochen aggressiven Politik Ludwigs XIV. geworden, zu instabil der «Frieden»: Auf nur zwanzig Jahre war der Friedensvertrag mit den Vereinigten Niederlanden von 1684 beschränkt und gleichfalls nur für zwanzig Jahre erkannte der Kaiser im Regensburger Waffenstillstand die französischen Reunionen an.

So kam der nächste große Krieg 1688 nicht wirklich überraschend, auch wenn die Anlässe kleine Konflikte waren. Der kaiserfeindliche kalvinistische Pfalzgraf Karl I. Ludwig (1617–1680) hatte seinem Kurfürstentum französische Unterstützung durch die Ehe seiner Tochter Liselotte mit dem Bruder Ludwigs XIV. verschaffen wollen. Diese Ehe erlaubte es Ludwig, Anspruch auf einen Teil des Pfälzer Erbes zu erheben, als der Sohn des Pfalzgrafen 1685 starb und das Kurfürstentum an den

Die Belagerung von Namur 1692: Belagerungen waren Krieg nach dem Geschmack Ludwigs XIV., berechenbar und eine Bühne für die höfisch-monarchische Repräsentation.

Schwiegervater des Kaisers fiel, einen Herzog von Pfalz-Neuburg. Ausgleichsverhandlungen scheiterten, und so marschierten französische Truppen in die Pfalz ein. Als zudem noch der Wunschkandidat Ludwigs XIV. bei der Kölner Bischofswahl nicht die erforderliche Mehrheit erhalten hatte und ihm Kaiser und Papst die dennoch verlangte Anerkennung verweigerten, ließ der König 1688 das Kurfürstentum Köln und Philippsburg besetzen, eine Festungsstadt, die schon im Vorfeld des Dreißigjährigen Kriegs eine wichtige Rolle gespielt hatte.

Dass Ludwig XIV. sich rasch zahlreichen europäischen Staaten und Reichsfürsten gegenüber sah und dass dieser 1688 vom

Zaun gebrochene Krieg erst 1697 endete, lag unter anderem daran, dass die mittlerweile notorische Aggressivität der französischen Außenpolitik bei der weiteren Überwindung alter konfessioneller und politischer Differenzen zwischen Frankreichs Gegnern half. Nicht zufällig kam es 1686 zur «Liga von Augsburg». Augsburg war die Symbolstadt des konfessionellen Ausgleichs im Reich, und diese Liga führte nach und nach halb Europa zusammen: Brandenburg, Sachsen, Schweden, den Kaiser; weitere Reichsfürsten, die Vereinigten Niederlande und Spanien (es hatte nach dem Krieg von 1683/84 Luxemburg abtreten müssen) sowie England unter Führung seines neuen Königs Wilhelm von Oranien und Dänemark (beide 1689), ja selbst das unter hohem Druck von Ludwig XIV. zu profranzösischer Waffenhilfe gedrängte Savoyen (1690) schlossen sich an.

Der Krieg (Pfälzischer Erbfolgekrieg, aber auch Neunjähriger Krieg und Krieg der Liga von Augsburg genannt) verlief strukturell wie der Holländische Krieg. Nach der Invasion in feindliche Gebiete zogen sich die französischen Armeen langsam in stark befestigte Stellungen zurück und stabilisierten den Frontverlauf; danach fokussierten sich Militäroperationen auf für die Friedensverhandlungen wichtige Ziele. Ludwig XIV. selbst konzentrierte sich vor allem auf den Krieg in den Spanischen Niederlanden. Er war bei der Eroberung von Mons 1691 zugegen und nahm 1692 nach etwa vierwöchiger Belagerung die Kapitulation von Namur entgegen; 1693 begab er sich zum letzten Mal selbst ins Kriegsgebiet, bis in das an der Mosel gelegene Mézières; die höfische Festlaune bei früheren Kriegen war indes vorbei. Wieder besetzte Ludwig das Wilhelm von Oranien gehörende Orange. Im Reich ließ er vor allem 1688 und 1689 die «Taktik der verbrannten Erde» anwenden; beiderseits des Rheins, im heutigen Baden-Württemberg und in der Pfalz, kam es zu schweren Verwüstungen. Die Zerstörung des Heidelberger Schlosses 1689 und 1693, später auf einer königlichen Repräsentationsmedaille gerühmt, wurde im Reich zum Negativsymbol Frankreichs – auch ob des in der Stadt angerichteten Massakers. Nach dem schweren Bombardement Brüssels 1695 musste fast die gesamte Innenstadt neu aufgebaut werden.

Nach der verlorenen Seeschlacht bei La Hougue wurde die französische Atlantikflotte zwar sogar noch weiter verstärkt, die Kriegführung zur See aber den erfolgreicheren Freibeutern wie dem aus Dunkerque stammenden Jan Bart (1650–1702) überlassen. Die geographische Dimension der französischen Militäroperationen war neu: Über das Mittelmeer, Savoyen und Spanien hinaus wurde der Krieg auch in Südamerika, der Karibik und im Indischen Ozean ausgetragen. Der Krieg mit England betraf New York, die Hudson Bay und besonders intensiv das Gebiet zwischen Lorenzstrom und Boston.

Der Verlauf dieses Krieges zeigte wie schon der Devolutionskrieg und der Holländische Krieg, dass Frankreich auf dem Kontinent selbst von einer großen europäischen Allianz militärisch nicht zu besiegen war. Ihr Gegenangriff scheiterte an «verbrannter Erde», Vaubans überlegenen Festungen und der mobilen französischen Armee. Nicht einmal die durch die extreme Kälte des Winters 1692/93 ausgelöste Hungerkrise der Jahre 1693 und 1694 war eine ernsthafte politische oder militärische Schwächung, obschon dabei ungefähr 1,3 Millionen Menschen ums Leben kamen. Die Hungerkrise ließ den französischen Kaperkrieg statt als hungerverschärfendes Handelshemmnis als Maßnahme der Getreidebeschaffung erscheinen, und so wurden zum Ruhme der königlichen «Fürsorge» und der Korsaren 1694 und 1695 gar Medaillen geprägt. Um den Krieg zu finanzieren, ließ Ludwig XIV. nicht nur sein Silber einschmelzen; er erhöhte den Steuerdruck und kehrte zu verstärktem Ämterkauf und zur Kreditfinanzierung der Zeit vor Colbert zurück. Der diskrete Triumph der «Finanziers» veranlasste den inzwischen zum Marschall aufgestiegenen Vauban zum Entwurf eines gerechten, die Untertanen gleichmäßig belastenden Steuersystems. Das Projekt war in Anbetracht des fiskalischen Fiaskos so brisant, dass Ludwig die Schrift verbot, als sie ab 1707 in gedruckter Form zu zirkulieren begann, und die Vernichtung der Exemplare befahl.

Wie der Krieg gegen die Vereinigten Niederlande revolutionierte der Pfälzische Erbfolgekrieg die innere Ordnung eines französischen Kriegsgegners. Schon Karl II. von England war von einer starken Opposition wegen seiner wenn auch doppelbödigen und inkonsequenten Politik relativer Nähe zu Frankreich angefeindet worden. Sein Bruder und Nachfolger Jakob II. hatte in den 1650er Jahren ebenfalls im französischen Exil gelebt, war in den 1660er Jahren zum Katholizismus übergetreten und betrieb als König eine Politik der Duldung des Katholizismus, obschon Ludwig XIV. in Frankreich den in England sehr starken Kalvinismus erst verfolgte und 1685 verbot. Auf diese Gemengelage von Außen- und Konfessionspolitik reagierten Gegner Jakobs II. damit, dass sie den Schwiegersohn des Königs, Wilhelm von Oranien, nach England baten. Er sollte die Thronfolge seiner Frau Maria, der anglikanischen Tochter Jakobs II., anstelle der Thronfolge des 1688 geborenen katholischen Sohnes von Jakob II. durchsetzen. Wilhelm von Oranien kam mit seiner Armee, Jakob II. konnte sich nicht halten – so verhalf Ludwig XIV. seinem kalvinistischen niederländischen Intimfeind zur «Glorious Revolution». Unter Führung seines neuen Königs Wilhelm von Oranien trat England 1689 der Liga von Augsburg bei. Ein von Ludwig XIV. militärisch unterstützter Versuch Jakobs II., den Thron wiederzugewinnen, scheiterte 1690 trotz der Unterstützung des überwiegend katholischen Irland mit einer Niederlage der Armee Jakobs II. gegen diejenige Wilhelms von Oranien. Dieser verbrachte die folgenden Jahre teils in England, teils auf dem Kontinent im Krieg gegen Frankreich: Saint-Germain-en-Laye bekam so wieder königliche Bewohner.

Im 1697 geschlossenen Frieden von Rijswik (bei Den Haag) erkannte Ludwig XIV. Wilhelm von Oranien als englischen König an, obschon sein katholischer Cousin Jakob II. erneut im französischen Exil lebte, und er gab das wieder einmal besetzte Fürstentum Orange zurück. Zum Rhein hin wurden Kompromisse gemacht. Frankreich restituierte Teile des seit 1670 besetzten Lothringen und Luxemburg, behielt aber insbesondere Straßburg und konnte seinen Festungsgürtel (*ceinture de fer*) von Vauban weiter ausbauen lassen. Die Vereinigten Niederlande bekamen günstigere Handelskonditionen und sicherten fortan selbst Festungen in den ermatteten Spanischen Niederlanden. Spanien erkannte die französische Herrschaft im Westen von Hispaniola (etwa das heutige Haiti) an, was Frankreich noch tiefer in das äußerst profitable Geschäft mit Sklaven und Zucker und damit in eine systematische Kolonialpolitik hineinzog.

Noch stärker wurde die koloniale Dimension durch den Spanischen Erbfolgekrieg. Waren der Devolutionskrieg, der Holländische Krieg, die Reunionskriege und der Pfälzische Erbfolgekrieg nach dem allgemeinen Verständnis der Frühen Neuzeit rechtlich fragwürdige, unrechtmäßige bzw. unverhältnismäßige Kriege, so war der Spanische Erbfolgekrieg rechtlich vertretbar und überdies unvermeidlich. Der spanische König Karl II. (1661–1700) starb, wie aufgrund seiner schwachen körperlichen Konstitution erwartet, kinderlos. Ludwig XIV. und Kaiser Leopold I. konnten Erbansprüche behaupten: Beide waren Enkel des spanischen Königs Philipp III. (1578–1621). Ludwigs Mutter indes war älter als Leopolds Mutter. Zudem waren Ludwig und Leopold beide mit Töchtern Philipps IV. verheiratet. Ludwigs Ehefrau war – wieder – älter als die Leopolds, hatte aber auf ihr Erbe verzichtet. Spanien hatte jedoch die im Pyrenäenfrieden vereinbarte Bedingung für den Erbverzicht, die Zahlung einer sehr hohen Mitgift, nicht erfüllt. Ludwig XIV. konnte den Erbverzicht seiner Ehefrau auf ihr Erbe deshalb als unwirksam betrachten.

Das spanische Erbe war allerdings so groß, dass es wohl auch im Fall einer eindeutigen Rechtslage zum europäischen Problem geworden wäre. Fiel es an die österreichischen Habsburger, so blieb es bei der von Frankreich als unerträglich betrachteten geographischen Umfassung des Landes durch die Habsburger; fiel Spanien mit seinen Kolonien dagegen an Frankreich, würde eine globale Supermacht entstehen. Das war für die Seehandelsnationen, für die Vereinigten Niederlande und für England, nicht hinnehmbar. Vertragliche Lösungen wurden gesucht, schon 1668 und noch 1700, konnten aber nicht alle kriegsfähigen Interessierten befriedigen. Einen Krieg konnte vor diesem Hintergrund auch nicht der Umstand verhindern, dass Karl II. kurz vor seinem Tod einen Enkel Ludwigs XIV. als Erben einsetzte. Ludwig nahm dieses Testament an. Er erfüllte aber nicht die an die Annahme geknüpfte Bedingung, den Verzicht des Enkels und künftigen spanischen Königs auf die Thronfolge in Frankreich. Eine Vereinigung beider Länder unter einem König lag also im Bereich des Möglichen. Beide Parteien proklamierten so ihre Kandidaten zu spanischen Königen, Ludwig XIV. seinen Enkel als Philipp V., Leopold I. seinen jüngeren Sohn als Karl III. Beide begaben sich nach Spanien (1701 bzw. 1705) und führten dort unter Nutzung innerspanischer Konflikte Krieg gegeneinander.

Die lange Serie der Kriege Ludwigs XIV. machte es dem Kaiser leicht, Alliierte zu finden: Reichskreise, Reichsfürsten, das Reich als Ganzes, vor allem die Vereinigten Niederlande und England. Wieder jedoch zeigte der Krieg die Stärke des französischen Militärs und des politischen Systems. Geführt wurde der Krieg gleichzeitig in Italien, im Reich, in den Niederlanden, in Spanien (Portugal stellte sich an die Seite der Briten), in Ungarn (Ludwig XIV. unterstützte einen Aufstand) und in vielen Teilen Amerikas. Etwa 450 000 französische Heeres- und Marinesoldaten standen unter Waffen. Einige französische Niederlagen in Italien und besonders die vernichtende Niederlage im mit Frankreich verbündeten Bayern in der Schlacht von Höchstädt (1704) zogen es nach sich, dass feindliche Heere unter dem Kommando des Prinzen Eugen (1663–1736) und des Herzogs von Marlborough (1650–1722) im Laufe des Krieges die Grenzen Frankreichs im Süden des Landes und in Flandern überschreiten konnten. Aber selbst die Hungersnot des Jahres 1709, die weit über eine halbe Million Menschenleben kostete – Folge eines extrem kalten und langen Winters, in dem der in Versailles ausgeschenkte Wein im Glas gefror –, destabilisierte die Monarchie nicht ernsthaft. Ludwig XIV. publizierte im Juni 1712 allerdings einen Appell an das Durchhaltevermögen des Volkes und erklärte seine Politik. Revolten wurden weiter niedergeschlagen. Finanzieren ließ sich der Krieg nur durch noch mehr Steuern und Abgaben, Versuche mit Papiergeld, Münzmanipulationen und den verstärkten Verkauf von Ämtern und Rententiteln: Die Herrschaft über die Finanzierung des Staates übernahm wieder das mit Ämtern gut versehene und mit dem hohen Adel gut vernetzte Milieu der «Finanziers».

Ein rasches Ende des Krieges brachte der plötzliche Tod des jungen Kaisers Joseph I. (1678–1711). Sein Bruder Karl III. wurde noch im gleichen Jahr als Karl VI. Kaiser. England hatte sich schon vor dem Krieg für eine Teilung des spanischen Erbes unter Habsburgern und Bourbonen eingesetzt und führte keinesfalls Krieg für ein neues österreichisch-spanisches habsburgisches Großreich, sondern konnte nun mit dem Friedenswerk, dem Frieden von Utrecht 1713 sowie Rastatt und Baden 1714 sein Konzept des Gleichgewichts der Mächte (*balance of power*) in Europa durchsetzen. Beide Dynastien verzichteten daher auf ihre politische Einheit mit Spanien: Philipp V. behielt zwar Spanien und die Kolonien, die französischen und die spanischen Bourbonen aber verzichteten auf ihr Thronfolgerecht im jeweils anderen Land. Karl VI. bekam die spanischen Besitzungen in den Niederlanden und in Italien mit Ausnahme Siziliens und setzte die seit 1683 rasant verlaufende Expansion in Südosteuropa fort. Das Projekt Ludwigs XIV., die Vormachtstellung der Habsburger in Europa durch die der Bourbonen zu ersetzen, war mit dem Frieden von Utrecht zwar gescheitert und doch konnte sein Sieg über das habsburgische Spanien nicht vollständiger sein. England und die Vereinigten Niederlande gingen als globale Handels- und Kolonialmächte gestärkt aus dem Spanischen Erbfolgekrieg hervor. England bekam das profitable Monopol des Sklavenhandels mit spanischen Kolonien (*Asiento*), mit Gibraltar und Menorca zwei militärische Schlüsselpunkte des Mittelmeers sowie große französische Territorien in Nordamerika. Ein weiteres Mal veränderte der Krieg die innere Struktur anderer europäischer Länder: Der Kaiser erkannte an, dass der Kurfürst von Brandenburg sich 1701 zum König in Preußen (1701) erhob. Vor dem Hintergrund der Unterstützung Ludwigs XIV. für Jakob II. und dessen Sohn Jakob (1688–1766) schloss England nicht nur die katholischen Mitglieder der Stuart-Dynastie von der Thronfolge aus. Um diesem Gesetz (*Act of Settlement*) Geltung auch in Schottland zu verschaffen, setzte das englische Parlament mit dem *Treaty of Union* (1706) zudem die politische Vereinigung Englands und Schottlands mit einem gemeinsamen Parlament und einer gemeinsamen Regierung durch: Der französische König wurde so wider Willen Geburtshelfer Großbritanniens.

Ungeachtet der britischen Erfolge verbreiterte sich unter Ludwig XIV. die Basis des späteren französischen Kolonialreiches.

Die Regierung unterstützte zunächst Handelskompanien bei der Einrichtung von Handelsstützpunkten. Waren deren erste Schritte erfolgreich, wurde der weitere Ausbau durch staatliche Institutionen flankiert: Gouverneure, Gerichte, Intendanten bzw. privilegierte Handelskompanien; manches wurde aufgegeben, so etwa 1674 die Niederlassung auf Madagaskar. Die Stützpunkte am Indischen Ozean entwickelten sich sehr langsam, so die auf La Réunion (Île Bourbon) und, seit 1715, auf Mauritius. Das am Golf von Bengalen liegende Pondicherry dagegen wuchs, obschon es im Neunjährigen Krieg von den Niederlanden besetzt worden war, auf mehrere Zehntausend Einwohner an. Die Inbesitznahme des Mississippi-Gebietes erfolgte 1682 im Zuge einer kleinen Expedition und verband den Golf von Mexiko, das nach dem König benannte «Louisiana», mit dem seit Heinrich IV. erschlossenen großen französischen Kolonialgebiet im nördlichen Nordamerika. In der Karibik war die auf Sklavenarbeit basierende Zuckerplantagenwirtschaft profitabler als der anfänglich von französischen Siedlern betriebene Tabakanbau. Sklaverei stand allerdings im Widerspruch zum französischen Recht und erforderte ein Sondergesetz, den von Ludwig XIV. 1685 erlassenen *Code noir*. Er gab Sklaven gewisse Mindestrechte, ließ aber fast vollständige Unfreiheit und selbst schwerste Körperstrafen zu. Auch die 1676 von den Niederländern zurückeroberte französische Kolonie Cayenne (Französisch-Guyana) importierte Sklaven. Um am Handel mit afrikanischen Sklaven zu verdienen, gründeten französische Seefahrer und Händler im Senegal 1659 die Stadt Saint-Louis. Ludwig XIV. ließ 1673 die *Compagnie du Sénégal* als Nachfolgeorganisation der Westindienkompanie einrichten; in diesem Zusammenhang eroberte die französische Marine 1677 die vor Dakar gelegene Insel Gorée, ein zuvor von Portugiesen, Niederländern und Engländern genutzter Knotenpunkt des westafrikanischen Sklavenhandels.

Im Mittelmeer blieb es bei den Verträgen mit dem Osmanischen Reich, die französischen Konsuln und Kaufleuten starke Positionen einräumten; das Verhältnis zu den Staaten Nordwestafrikas blieb dagegen konfliktreich und sah Anfang der 1680er Jahre kurze Kriege mit Tunis und Algier.

2. «Erstickung der Häresie» und Streit mit dem Papst

Ludwigs XIV. Anspruch auf Herrschaft bezog sich auch auf die Welt politisch relevanter Meinungen, und dies ganz besonders dort, wo sie feste soziale Formen annahmen, in den Akademien und in den Kirchen. Dort sorgte die Durchsetzung des königlichen Machtanspruchs für Erschütterungen, welche die Monarchie langfristig destabilisierten.

Der Ehrentitel *Louis le Grand*, den die Stadt Paris dem König nach dem Frieden von Nimwegen gegeben hatte, wurde zwar nicht populär, blieb auf Monumenten und Medaillen aber präsent. Der Schriftsteller Charles Perrault (1628–1703) vertrat in der *Académie Française* 1687 gar die Auffassung, das unter Ludwig XIV. erreichte Niveau von Macht und Kunst Frankreichs lasse sich mit demjenigen des Zeitalters von Kaiser Augustus vergleichen. Dieser Vergleich löste eine folgenreiche Kontroverse aus. Der «Streit der Alten und Modernen» (*Querelle des Anciens et des Modernes*) bezog sich anfänglich auf das Verhältnis der antiken zur zeitgenössischen französischen Literatur, am Ende auf das Problem des Fortschritts, der einst auch die Gegenwart mit ihrer Ordnung, ihren Werten, ihren Religionen hinter sich lassen könnte. Das 1687 gerühmte «Zeitalter Ludwigs XIV.» mochte klassisch sein, aber den Fortschritt würde es nicht aufhalten, so die «Modernen». Da in Versailles die «Alten» fest etabliert waren, bildete sich ab den 1690er Jahren in manchen Salons von Paris und an nicht wenigen Adelshöfen ein Milieu heraus, das auf die in der *Querelle* sichtbar gewordene Historizität von Kulturen und Religionen vorsichtig (der Bastille wegen) mit der Entwicklung deistischer, materialistischer und atheistischer Weltentwürfe reagierte. Das Paris der «Modernen» wurde ein Inkubator der französischen Aufklärung.

Der französische Kalvinismus war seit dem Edikt von Nantes von 1598 in seiner körperschaftlichen Verfassung anerkannt, verlor im Frieden von Alès 1629 aber das Privileg militärischer Selbstbehauptung. Damit schwand das politische Interesse des in Opposition zur Krone stehenden Adels. Viele kalvinistische

Adelige konvertierten seither zum Katholizismus. In der *Fronde* zeigte sich, dass der Kalvinismus kein politisches Problem für die monarchische Ordnung mehr war: Dem Aufstand von Adel und Parlamenten schloss sich der organisierte Kalvinismus nicht an. Das erkannte der König an, dankte es ihm aber schlecht.

Die königliche Politik der Beschneidung der Rechte teilautonomer Körperschaften traf den Kalvinismus schwerer als die Parlamente, Gerichte, Stände und Städte, denn die kalvinistische (reformierte) Kirche erfüllte in den Augen der Regierung keine staatstragende Funktion. Zudem galt religiöse Einheit vielen als Wert an sich; selbst Anhänger ihrerseits verfolgter katholischer Glaubensrichtungen wie der Physiker und Philosoph Blaise Pascal (1623–1662) zogen die innere Opposition der Abspaltung vor. Königsnahe Kreise der französischen Staatskirche wiederum überhöhten die Rolle des Königs. Der am Hof einflussreiche Bischof Bossuet (1627–1704) ließ verlauten, Ungehorsam gegen den König sei Ungehorsam gegen Gott (*désobéir au roi, c'est désobéir à Dieu*). Dem König erschien die Beseitigung des Kalvinismus politisch und religiös offenbar sinnvoll. In der ersten Phase der Verfolgung wurde den Kalvinisten verboten, was das Edikt von Nantes nicht ausdrücklich erlaubte. Eine Flut von Gesetzen beschnitt das religiöse Leben; erste Tempel wurden abgerissen, Predigt, Psalm-Singen und Bestattungen erschwert. Für die Konversion zum Katholizismus erhielten Kalvinisten Geld.

Nach dem Frieden von Nimwegen verschärfte Ludwig die Verfolgung der Kalvinisten massiv. Dies steht im Zusammenhang mit der Politisierung der konfessionellen Differenz. Ludwigs Bemühungen, durch Einflussnahme auf Karl II. die Rechte von Katholiken in England zu stärken, scheiterten seit Jahren und führten zu einer Dauerkrise zwischen dem englischen Parlament, das seit 1679 den katholischen Bruder Karls II. von der Thronfolge ausschließen wollte, und dem König, der deshalb ein Parlament nach dem anderen auflöste. An der Spitze des Widerstands gegen Ludwig stand Wilhelm von Oranien, der konfessionelle Solidarität gegen den zunehmend intoleranten französischen König mobilisieren konnte. Schließlich hatten

Karikatur von 1961 auf die «gerissene Politik» Ludwigs XIV. Der König als Mordbrenner im Mönchsgewand unter türkischem Halbmond und als heidnischer Sonnengott.

einige kalvinistische Adelige während des Holländischen Krieges Adelsrebellionen vorbereitet. Die betroffenen Regionen und die in erster Linie verfolgten politischen Ziele erinnerten sehr stark an die *Fronde* des Adels. Entsprechend hart fiel die Reaktion aus; selbst ein so hochrangiger Adeliger wie Ludwig von Rohan (1635–1674) wurde hingerichtet.

Die zweite Flut von antikalvinistischen Gesetzen brachte u. a. Berufsverbote, die Aufhebung von Bildungseinrichtungen und das Verbot der Konversion zum Kalvinismus. Doch erst der Einsatz von Militär führte zum massenhaften formellen Übertritt von Kalvinisten zum Katholizismus, denn Konvertiten wurden von der Einquartierung von Soldaten in ihren Haushalten befreit. Die als schwere Kampfreiter besonders hart gesottenen Dragoner drangsalierten ihre kalvinistischen Quartiergeber mit Gewalttaten von Plünderung und Prügeln bis hin zu Vergewaltigungen und Morden derartig, dass diese, nur um von diesen Schrecken erlöst zu werden, zum Katholizismus übertraten. Dann begann an einem anderen Ort die nächste «Dragonnade».

Die verwaisten Tempel wurden geschlossen und vielerorts zerstört; viele Kalvinisten ergriffen die Flucht.

Im Herbst 1685 stellte die Regierung ungeachtet der Tatsachen fest, dass es in Frankreich kaum noch Kalvinisten gäbe und dass der Bedarf für das Edikt von Nantes somit entfallen sei. Ludwig XIV. hob es mit dieser Begründung im Edikt von Fontainebleau auf. Dieses verbot die gemeinschaftliche und öffentliche Ausübung des Kalvinismus, ordnete die Zerstörung der Tempel an, stellte Geistliche vor die Wahl zwischen Konversion und Auswanderung und verbot den nicht zum Katholizismus übergetretenen Kalvinisten unter schwersten Strafen (Galeere für Männer) die Auswanderung. Gleichwohl setzte eine über viele Jahre anhaltende Fluchtbewegung ein; man geht von bis zu 800 000 Konversionen und etwa 200 000 Flüchtlingen aus. Deren wichtigste Ziele waren England, die Vereinigten Niederlande und die Territorien kalvinistischer Reichsfürsten. Privat hielten viele am reformierten Glauben fest, besonders in den Küstenregionen und in Südwestfrankreich. Dort führte die andauernde Verfolgung im ersten Jahrzehnt des 18. Jahrhunderts zu einem jahrelangen kriegsähnlichen Aufstand (Cevennenkrieg).

Ungeachtet der Härte der Verfolgung traf das Edikt von Fontainebleau in Frankreich auf breite Zustimmung. Religiöse Autonomie wurde in Anbetracht der seit der Reformation geführten Religions- und Bürgerkriege im Mitteleuropa des 17. Jahrhunderts lediglich toleriert. Das Maß der Toleranz war unterschiedlich: gering für Katholiken in England, recht hoch für Kalvinisten, Katholiken und Lutheraner im Reich, sehr hoch in den Vereinigten Niederlanden, wo sogar Täufer wie z. B. die Mennoniten ihren Glauben praktizieren durften.

Papst Innozenz XI. reagierte kühl auf das Edikt von Fontainebleau. Das lag nicht allein am Fehlen französischer Hilfe bei der Abwehr der türkischen Belagerung Wiens von 1683 und an theologischen Vorbehalten gegenüber erzwungenen Konversionen. Vielmehr bekämpfte Ludwig XIV. Regungen der Autonomie auch in der katholischen Kirche. Die Angriffe auf das Papsttum hatten schon 1662 mit der heftigen Reaktion des Königs auf einen zwar blutigen, aber nicht ungewöhnlichen Streit zwischen der Wache des französischen Botschafters in Rom und der korsischen Wache von Papst Alexander VII. begonnen. Ludwig XIV. ließ das päpstliche Avignon besetzen und zog seinen Botschafter aus Rom ab. Er erhöhte den Druck auf den Papst so sehr, dass dieser sich 1664 bereiterklärte, die korsische Garde aufzulösen, in Rom eine Schandpyramide zur Erinnerung an den Vorfall zu errichten und einen päpstlichen Legaten zu entsenden, der sich für den Papst in öffentlicher Audienz bei Ludwig entschuldigte.

1673 löste Ludwig XIV. den sogenannten Regalienstreit aus, indem er unter anderem Einkünfte zahlreicher nicht besetzter Bistümer für die Krone beanspruchte. Zur Bekräftigung seiner Position ließ er von einer außerordentlichen Versammlung des französischen Klerus mit den «Vier Artikeln» von 1682 die faktische Unabhängigkeit des französischen Königs und der gallikanischen Kirche vom Papst deklarieren. Der Papst habe nur geistliche Autorität, und diese sei der Autorität allgemeiner Kirchenversammlungen (Konzile) untergeordnet. Papst Innozenz XI. ließ die «Vier Artikel» in Rom verbrennen und verweigerte fortan seine Mitwirkung bei der Einsetzung von Bischöfen, so dass bereits nach wenigen Jahren einige Dutzend Bistümer keinen Bischof hatten.

In der Folge eskalierte der Streit zwischen König und Papst durch weitere Vorfälle derartig, dass 1689 der eine mit Krieg, der andere daraufhin mit Exkommunikation drohte. Erst unter dem Druck des neunjährigen Pfälzischen Erbfolgekrieges und mit einem neuen Papst war Ludwig XIV. 1693 zu einem Kompromiss bereit: Alexander VIII. akzeptierte die Ausweitung der königlichen Finanzrechte an unbesetzten Bistümern, der König verzichtete auf die «Vier Artikel», und beide Seiten wirkten wieder bei der Besetzung von Bistümern zusammen.

Auch die französische Staatskirche beschädigte Ludwig XIV. schwer, obwohl sie ihn im Streit mit dem Papst mehrheitlich unterstützt hatte. Er verlangte für das Verbot einer innerkatholischen Glaubensrichtung, des Jansenismus, die Hilfe des Papstes, dem gegenüber er sonst die «Freiheiten der gallikanischen Kirche» und damit seine eigene Herrschaft über die katholische Kirche Frankreichs hartnäckig verteidigte. Das päpstliche Verbot stieß folglich gerade in der gallikanischen Kirche auf Widerstand, denn es setzte ja die Oberhoheit des Papstes über die französische Kirche voraus. Hier verschränkten sich also religions- und kirchenpolitische Konflikte.

Der Jansenismus war eine Bewegung, die sich auf das theologische Werk des Bischofs Cornelius Jansen (1585–1638) berief. Sie legte Wert auf moralische Strenge, Frömmigkeit, karitative Werke, Schulbildung und die Pflege des Französischen anstelle des Lateinischen. Jansen hatte 1635 die antispanische, antikaiserliche und daher von vielen französischen Katholiken als antikatholisch verurteilte Außenpolitik Richelieus in der Schrift «Der französische Kriegsgott» (*Mars Gallicus*) heftig kritisiert. Jansens Anhänger wurden daher von der französischen Regierung beobachtet und verfolgt.

Für oppositionelle Kreise war der Jansenismus in Frankreich so von Anfang an attraktiv. Dass er theologisch und pastoral in Opposition zu den besonders königs- und dennoch papstreuen Jesuiten stand, zog viele Geistliche der gallikanischen Kirche an. Die königsnahen Jesuiten konnten zwar in den 1640er Jahren eine päpstliche Verurteilung von Jansens Ideen erreichen, doch gab es in Frankreich bereits eine jansenistische Bewegung. Sie fand bei Bischöfen, in der Funktionselite, in Parlamentskreisen sowie im (mit der *Fronde* sympathisierenden) Adel immer mehr Anhänger. Das Pariser Frauenkloster Port-Royal war das französische Zentrum des Jansenismus.

Ebenso wie Richelieu und Mazarin scheiterte Ludwig XIV. mit seinen Versuchen, den Jansenismus aus der Welt zu schaffen. Er setzte 1657 mit einem *Lit de Justice* nur die rechtliche Anerkennung der päpstlichen Verurteilung von fünf Kernthesen des Jansenismus durch. Seine seit Beginn der 1660er Jahre erhobene Forderung, diese Verurteilung durch Unterzeichnung eines Formulars anzuerkennen, verweigerten zahlreiche Geistliche, auch viele Nonnen von Port-Royal. Sie wurden deshalb 1664 in dessen Außenstelle, das Kloster Port-Royal-des-Champs, gebracht. Dieses war nur etwa zehn Kilometer von Versailles entfernt und wurde zur Anlaufstelle von Personen, die trotz ihres Dienstes bei Hof dem Jansenismus nahestanden – unter ihnen der Dichter Jean Racine, Historiker und Vorleser des Königs. Nach dem Frieden von Nimwegen unternahm Ludwig XIV. einen neuen Versuch, den Jansenismus zu vernichten, und ließ dem Kloster Port-Royal-des-Champs 1679 verbieten, Nachwuchs aufzunehmen. 1705 entzog er dem Kloster die geistliche Betreuung und die Einkünfte, 1709 ließ er es durch Soldaten räumen und die Gebäude 1713 zerstören.

Inzwischen aber hatte der Jansenismus sich weit verbreitet. Der niedere Klerus schätzte eine jansenistische Strömung, welche den Konzilen, Synoden und Gemeinden eine starke innerkirchliche Rolle zusprach, den Richerismus. Nach einigen ruhigeren Jahren eskalierte der Streit im ersten Jahrzehnt des 18. Jahrhunderts. Der seit 1695 amtierende Erzbischof von Paris, Louis-Antoine de Noailles (1651–1729), geriet dabei zwischen alle Fronten und auch an den König. Kein Jansenist, doch ein Gegner der königsnahen Jesuiten, hatte er die Veröffentlichung eines sehr populären jansenistischen Werkes genehmigt: eine kommentierte französische Übersetzung des Neuen Testaments von Pasquier Quesnel (1634–1719), bekannt als *Réflexions morales*. Zweimal erwirkte Ludwig XIV., gedrängt von den Jesuiten, zu denen sein Beichtvater gehörte, von Papst Clemens XI. eine Verurteilung der Übersetzung. Beide Male wiesen Vertreter der gallikanischen Kirche die päpstliche Verurteilung als Verletzung ihrer Freiheiten zurück, allen voran Noailles. Dieser wehrte sich besonders gegen die vom König beim Papst unter hohem Druck erwirkte Bulle «Unigenitus» von 1713. Zwar nahm eine vom König einberufene Klerusversammlung 1714 die Bulle mehrheitlich an, doch verbot der Erzbischof von Paris den ihm unterstellen Pfarrern die Annahme der Bulle, worauf wiederum der Papst drohte, Noailles die Kardinalswürde zu entziehen. Ludwig XIV. unterstützte nun den Papst in der Sache, aber nicht in der Form. Er wollte Noailles ohne päpstliche Intervention in die gallikanische Kirchenautonomie zur Unterwerfung unter seinen Willen bringen und berief den inzwischen massiv zerstrittenen Klerus zu einer Art von Nationalkonzil ein – eine staatskirchenrechtliche Revolution von oben. Obschon die Versammlung dann doch nicht zusammentrat, blieben am Ende von Ludwigs über sechzigjährigem Kampf gegen den Jansenismus Kollateralschäden zurück, von denen sich die Kirche in Frankreich selbst zu dem Zeitpunkt noch nicht erholt hatte, als Ludwig XVI. 1787 ein neues Toleranzedikt für den Kalvinismus erließ.

Dass die Monarchie dauerhaft Schaden nahm, lag auch am Wirken des Erziehers eines Enkels von Ludwig XIV., François Fénelon (1651–1715): Der Erzbischof von Cambrai, wegen seiner Nähe zur vom König gleichfalls verfolgten religiösen Strömung des Quietismus in Ungnade gefallen, schrieb mit seinem Roman «Die Abenteuer des Telemach» eines der populärsten Bücher des 18. und 19. Jahrhunderts – unverkennbar eine Satire auf die aggressive Machtpolitik Ludwigs XIV.

3. Beruhigte Verhältnisse und letzte Dinge

Die philosophische und religiöse Sonderrolle des Hofes wurde seit den 1680er Jahren offensichtlicher, als Ludwig XIV. nach der Giftmordaffäre die «galante Phase» seines Lebens beendete. Das Verschwinden der recht offenkundigen sexuellen Freizügigkeit vom Hof lag paradoxerweise am Tod der Königin im Jahr 1683. Sie und der König hatten ihre Pflicht erfüllt: Der inzwischen erwachsene Thronfolger war seit 1680 selbst verheiratet und hatte seit 1682 einen Sohn. Ende 1683 wurde sein zweiter Sohn geboren, die Thronfolge schien gesichert. Ludwig XIV. erlaubte sich vor diesem Hintergrund 1683 die Ehe mit Madame de Maintenon. Ihrem Sinn und Talent für die Beruhigung komplizierter Verhältnisse kam es entgegen, dass die Ehe heimlich und «zur linken Hand» geschlossen wurde. Sie war wirksam, belastete aber die komplizierte Situation des Nebeneinanders legitimer und legitimierter königlicher Nachkommen nicht weiter. Madame de Maintenon bekam ein großes Appartement bei Hof. Sie behielt ihren Status als Witwe, so wie der König seinen Status als Witwer. Die Öffentlichkeit konnte über die außergewöhnliche Rolle der Frau, die mit dem König offenkundig, aber dezent, auf vertrautem Fuße lebte, nur spekulieren. Der Hof stellte sich auf eine Ehefrau ein: Obwohl sie im Staatszeremoniell nicht als Königin auftrat, durfte sie wie

Françoise d'Aubigné, Marquise de Maintenon, die Erzieherin von Ludwigs Kindern aus der Verbindung mit Madame de Montespan. Nach dem Tod seiner ersten Frau 1683 ging der König eine Ehe «zur linken Hand» mit der klugen Gesprächspartnerin ein. Auschnitt aus einem Gemälde nach Pierre Mignard, 1694.

eine Königin in Anwesenheit der königlichen Familie auf einem Sessel sitzen.

Der politische Einfluss der Madame de Maintenon war für Zeitgenossen gleichfalls nicht durchschaubar. Manche hielten ihn für so groß, dass Fälscher im 18. Jahrhundert politische Korrespondenz in ihrer Handschrift herstellten und Abnehmer fanden. In der Tat war die zweite Frau Ludwigs XIV. in der Regel bei dessen Einzelarbeit mit Ministern und anderen Verwaltungschefs anwesend, als schweigende, aber aufmerksame Beobachterin. Sie wurde daher in vielen Angelegenheiten im Vorfeld aufgesucht. Offenkundig war ihr Einfluss auf die Besetzung von Stellen der Kirche. Mit Unterstützung des Königs gründete die selbst kinderlose Frau in den 1680er Jahren eine Institution für die Erziehung von Töchtern aus armen adeligen Familien, die *Maison Royale de Saint-Louis à Saint-Cyr*. Die 250 «Fräulein von Saint-Cyr» waren für je etwa zwölf Jahre versorgt und erhielten eine nach den Maßstäben der Zeit moderne religiös-musische Erziehung; Madame de Maintenon hatte mit diesem Institut, das auch baulich eine Mischung aus

Kloster und Palast war, wie nicht wenige Königinnen dieser Zeit, ein Reich für sich.

Für Ludwig XIV. war Saint-Cyr eines der Gegengewichte zu Versailles. Dieses trug die Last der königlichen Repräsentation und Regierung. Der Bau des Spiegelsaals versperrte dem König die Aussicht auf den großen Park. Dass Ludwig in Versailles mit Blick auf den stadtseitigen Hof wohnte, entsprach nicht der Ursprungsidee eines Schlosses im Grünen. So lebte er seit den späteren 1680er Jahren in stetem Wechsel in Versailles und im nahen Lustschloss Marly. Dort hatten der Bruder des Königs und dessen Frau sowie der Thronfolger ein Appartement im königlichen Pavillon; Ludwig XIV. achtete bis zu seinem Lebensende auf eine enge Integration seiner Familie. Andere Personen, selbst die meisten Höflinge, durften nur mit ausdrücklicher königlicher Einladung nach Marly. Diese Exklusivität erlaubte ein etwas erleichtertes Zeremoniell. In Fontainebleau verbrachte der König weiterhin regelmäßig einige Herbstwochen, ab und an war er in Meudon, dem Lustschloss des Thronfolgers. Reisen zu den Jagdschlössern an der Loire und nach Saint-Germain-en-Laye wurden immer seltener.

Das klassische Bild des glänzenden Hofes Ludwigs XIV. trug der Bedeutung von Marly nicht genügend Rechnung; auch war es zu einseitig auf die in ihrem Erfolg mittlerweile recht umstrittene Funktion von Versailles als «Machtinstrument» fokussiert, wiewohl hiermit tatsächlich eine «Disziplinierung» des Adels beabsichtigt war. Richtig ist vielmehr, dass Versailles für den ehrgeizigen Adel sehr wichtig war. Ludwig XIV. begünstigte in der Regierung und bei Hof besonders präsente Familien, nahm auf die Interessen mächtiger Familien allerdings mehr Rücksicht als ältere Vorstellungen eines «absolutistischen Königs» es annehmen lassen. Rang wiederum war für den Adel von großer Bedeutung, weil er die Chancen der Nachkommen beeinflusste. Ansprüche auf Rang wurden insbesondere bei Hof anerkannt und abgesichert, mussten sich dort behaupten und waren dort gefährdet. Allein das Zusammensein von legitimen und legitimierten Prinzen, Adeligen mit souveränen Territorien (*princes étrangers*), altadeligen Herzogsfamilien, mächtigen Ministern

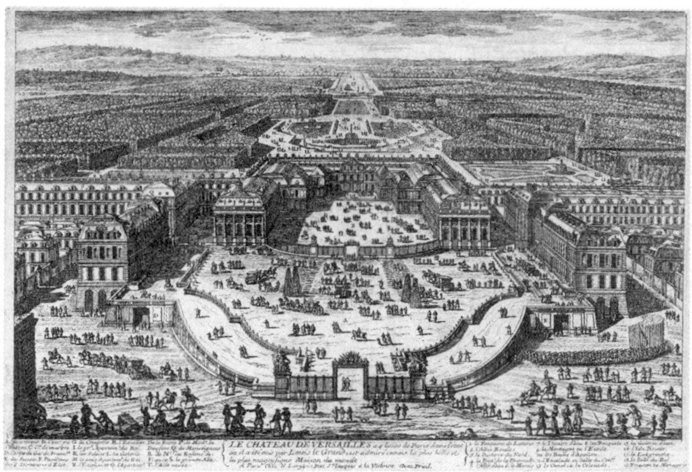

Schloss Versailles 1688, «bewundert als das schönste und großartigste Haus der Welt». Radierung von Nicolas Langlois, 1688

und Staatssekretären aus dem aufsteigenden Adel sorgte für Regelungsbedarf. Das Zeremoniell, beispielsweise die nach Verwandtschaft und sozialem Rang abgestufte Teilnahme an der Morgentoilette, die Einladung zur Jagd oder nach Marly bot dem König genügend Möglichkeiten zu informellen Mitteilungen über seine Gunst, und so wurde der König vom zahlreich anwesenden Adel sehr genau beobachtet. Anwesenheit bei Hof war für den Adel schon deshalb wichtig, Wohnungen im Schloss waren äußerst begehrt. Viele Inhaber von Hofämtern durften aber nur ein oder zwei Quartale pro Jahr dienen und hatten nur in dieser Zeit Dienstwohnungen, so dass im Schloss ein stetes Kommen und Gehen herrschte.

Bei allem Pendeln zwischen Versailles und Marly, Fontainebleau und anderen Orten richtete Ludwig XIV. seine Lebensführung zeitlebens an festen Rhythmen aus. Idealtypisch sah ein Tag in den letzten Jahrzehnten seines Lebens ungefähr so aus: Zwischen halb acht und halb neun begann das *Lever*, indem der diensthabende Kammerdiener das Himmelbett öffnete und den

König zu der von ihm bestimmten Zeit weckte (*Sire, voilà l'heure!*). Daraufhin prüfte man den Gesundheitszustand des Königs. Seine Amme sah der König morgens bis zu ihrem Tod im Jahr 1688. Nach dem Morgengebet wählte der König vier Perücken für den jeweiligen Tag, zog seine Kammerrobe an und setzte sich in einen Sessel. Zusätzlich zu den Mitgliedern der königlichen Familie, die bereits anwesend sein durften, betraten nun Personen mit dem Recht zum «ersten Eintritt» das Schlafzimmer. In deren Gegenwart erfolgte alle zwei Tage die Rasur durch einen Barbier. Nach dem Waschen zog der König eine kleine Perücke auf. Noch in der Kammerrobe aß der König sein Frühstück, in der Regel eine Suppe mit etwas Brot, Wein und Wasser. Sodann ließ er sich, umgeben von inzwischen etwa vierzig Personen, die Tageskleidung anziehen, während bei weiteren «Eintritten» fortlaufend Höflinge, Kleriker, Diplomaten, Gouverneure usw. hinzukamen; dem König war diese zeitlich gestreckte morgendliche Versammlung sehr wichtig. Nach dem Anziehen der zweiten Perücke, einem weiteren Gebet und dem Aufsetzen des Hutes folgten manchmal Audienzen.

In Versailles ging Ludwig XIV. nach dem *Lever* mit seinem Gefolge durch eine Tür direkt in den Spiegelsaal, von dort in den Salon des Krieges und durch die *Grands Appartements* in die Schlosskapelle, wo er die Messe hörte. Beim Rückweg waren in diesen Räumen gleichfalls Höflinge und Besucher versammelt. Durch den Spiegelsaal ging der König zurück in sein Kabinett und hielt ab 11 Uhr Rat. Zu Lebzeiten der Königin hielt der König erst Rat und hörte danach die Messe. Um 13 Uhr folgte das ausgiebige Mittagessen, zu dem häufig der Bruder des Königs kam. Auch zu diesem Mahl trank Ludwig mit Wasser verdünnten Wein, der seit den 1690er Jahren auf ärztlichen Rat nicht mehr aus der Champagne, sondern aus Burgund kam; die meisten festen Speisen nahm der König mit den Fingern zu sich, nicht mit einer Gabel. Den Nachmittag verbrachte er im Freien, meist mit einer *Promenade*, einem längeren Ausritt oder einer Ausfahrt im Park oder auf Jagd. Zurück im Schloss arbeitete Ludwig einige Zeit mit dem Sekretär, der in der Handschrift des Königs dessen persönliche Korrespondenz erledigte (*secrétaire de la plume*) und mit seinem diensthabenden Kammerdiener. Danach ging er ins Appartement von Madame de Maintenon (diese war tagsüber meist in Saint-Cyr) zur Arbeitssitzung mit einem der Minister oder Ressortchefs; diese endete gegen 22 Uhr. Der König verabschiedete sich von seiner Frau und ging zum *Souper* in Gegenwart einer großen Zahl von Höflingen; diese begleiteten ihn zu seinem Kabinett. Dort unterhielt er sich noch etwa eine Stunde mit seinem Bruder, seinen Kindern, Enkeln und deren Ehepartnern; oft wurde gespielt. Gegen Mitternacht ließ sich der König in zwei Etappen, beim großen und kleinen, gleichfalls genau geregelten «Zubettgehen» (*Coucher*) für die Nacht umziehen, verrichtete das Abendgebet, gab das Passwort für die Nachtwachen und legte sich schlafen. Vor seinem Bett schlief ein Kammerdiener, es sei denn, der König übernachtete bei seiner Frau; in diesem Fall ging er morgens für das Morgenzeremoniell zurück in sein Schlafzimmer. In den Raum in der Mittelachse des Schlosses wurde dieses erst 1701 verlegt.

Die Konstitution des Königs war ungeachtet fast ständiger Beschwerden bis in das Jahr vor seinem Tod hinein ungewöhnlich robust. Die Gicht machte ihre Fortschritte nur langsam. Ludwig überlebte nicht nur eine Maserninfektion (1663), sondern auch zwei schwere Eingriffe. Bei der Extraktion mehrerer Zähne wurde 1685 ein Teil der Gaumendecke ausgerissen, so dass eine Verbindung zwischen Nasen- und Mundhöhle entstand. 1686 überlebte der König eine mehrstündige, ohne Narkose durchgeführte Entfernung einer Analfistel. Sein Chirurg hatte die Operation an zahlreichen – angeblich über 70 – ebenfalls erkrankten Personen geübt.

Die 1680er Jahre sahen die Verwandlung des Königs in einen alternden Mann, der fast alle Gleichaltrigen überlebte. Die Mäßigung des Alters hinterließ Spuren auch in der königlichen Repräsentation. Unter dem Eindruck des Friedens von Nimwegen hatte ein Höfling ein 1687 eingeweihtes triumphalistisches Denkmal Ludwigs XIV. auf dem Pariser Siegesplatz gestiftet. Es brachte dem König den Vorwurf ein, er lasse sich wie ein Götze anbeten; in den Sklaven am Sockel des Denkmals sahen andere

Lebensnah und ungeschönt: Wachsporträt Ludwigs XIV. von Antoine Benoist, um 1705

ein Symbol besiegter europäischer Fürsten. Das umstrittene Denkmal flankierte der König später mit einem klassischen, akzeptablen Reiterstandbild auf der Pariser Place Vendôme (1699); auch erlaubte er 1687 der Stadt Paris die Entfernung des Denkmals, das seinen Sieg über die *Fronde* feierte. Es wurde 1689 ersetzt durch eine Statue von Antoine Coysevox (1640–1720), die den König als römischen Imperator darstellt, aber auf geteilte Werte setzte: Reliefs feierten die *Caritas* des Königs und das Verbot des Kalvinismus.

In Versailles ließ Ludwig XIV. von Jules Hardouin-Mansart (1646–1708) nach verschiedenen Vorläufern noch die definitive Hofkapelle bauen, aber keine Oper mehr. Großartige Musiker wie der Organist und Cembalist François Couperin (1688–1733) arbeiteten indes weiterhin für den König.

Je älter er wurde, desto mehr schätzte Ludwig die Gesellschaft der Generation seiner Enkel und ihrer Ehepartner. Besonders mochte er die Ehefrau des ältesten Sohnes des Thronfolgers, die savoyische Prinzessin Marie-Adélaïde (1685–1712). Sie kam 1697 an den Hof und brachte willkommenen frischen Wind in die höfische Routine, die auf einen inzwischen alten König eingestellt war. Seine unehelichen und vor allem die legitimierten Kinder versorgte Ludwig XIV. besser, als es üblich war. Mit sehr viel Geld und sehr viel Druck brachte er mehrere Prinzen und Prinzessinnen von Geblüt dazu, Kinder aus seinen Beziehungen mit Louise de la Vallière und Madame de Montespan zu heiraten. Sie heirateten in die Linien Condé und Conti ein und sogar in die vom Bruder des Königs begründete Linie Orléans. Dem Bräutigam einer der Montespan-Töchter trug die Einwilligung in die vom König aufgedrängte, nicht standesgemäße Eheschließung eine öffentlich verabreichte Ohrfeige seiner Mutter ein, der berühmten Liselotte von der Pfalz.

In den letzten Jahren seines Lebens stellte der Tod die Disziplin des Königs auf eine harte Probe. Der lebenslang folgsame Thronfolger starb 1711 an den Pocken. Ludwig trug den Verlust mit Fassung, brach aber über einen längeren Zeitraum immer wieder in Tränen aus. Der älteste Sohn des Thronfolgers und seine Frau starben 1712 an den Masern, der jüngste Sohn nach einem Jagdunfall. Von den drei legitimen Enkeln Ludwigs XIV. lebte 1714 nur noch Philipp, der als König von Spanien mit dem Frieden von Utrecht sein Recht der Thronfolge aufgegeben hatte. Nachdem auch noch zwei legitime Urenkel im Kindesalter gestorben waren, blieb als legitimer Nachkomme nur ein einziger, 1710 geborener Urenkel Ludwigs XIV. Sollte auch dieser sterben, war die Gefahr groß, dass Philipp V. von Spanien trotz des Friedens von Utrecht unter Rückgriff auf das uralte Erbfolgerecht Frankreichs den Thron für sich beanspruchen würde. Das würde nach dem Spanischen einen Französischen Erbfolgekrieg bedeuten und vielleicht einen Bürgerkrieg, denn unter Hinweis auf den Frieden von Utrecht konnten die Prinzen von Geblüt, die Orléans, danach die Condé und Conti es wagen, den Thron zu beanspruchen. Doch selbst diese Nebenlinien der Bourbonen hatten 1715 nur sehr wenige erbberechtigte Nachkommen. Vor diesem Hintergrund änderte der alte König 1714 die Thronfolgeregelung: Die legitimierten Söhne aus der Beziehung mit Madame de Montespan und deren Nachkommen sollten nach den Bourbonen zur Thronfolge berechtigt sein.

Kurz vor seinem Tod beschränkte Ludwig XIV., wie einst sein Vater, die Rechte des voraussichtlichen Regenten, seines Neffen Philipp von Orléans. Wie Anna von Österreich würde dieser mit Hilfe des Parlaments diesen letzten Willen sofort brechen. Das Parlament wiederum begann mit der Rückgewinnung seiner verlorenen Rechte, und der Adel wurde in der Regentschaft wieder stark an der Regierung beteiligt; zu einer *Fronde* sollte es jedoch nicht noch einmal kommen. Die Finanzen waren 1715 ruiniert, aber die Stärke des Landes sorgte für eine relativ lange Phase friedlicher Prosperität.

Ab Mai 1715 ging es langsam, ab Mitte August infolge eines Wundbrands schnell zu Ende. Im 72. Jahr seiner Regierung und im 77. Jahr seines Lebens starb Ludwig XIV. nach seinem Willen in der Öffentlichkeit des Hofes und mit den üblichen Riten der Kirche. Es war Zeit für die letzte Demonstration königlicher Haltung, Zeit auch für viele Abschiede, von den Höflingen, von Madame de Maintenon. Einige Tage vor seinem Tod gab der König seinem Nachfolger einen Rat, von dem er annehmen konnte, dass er bekannt würde, und mit dem er die Nachwelt wohl ein wenig zu versöhnen hoffte: Er habe häufig leichtfertig aus Eitelkeit Krieg geführt – der Thronfolger solle ihn darin nicht imitieren und Kriege möglichst vermeiden; sie seien der Ruin der Völker und für diese seien Könige da. Im Alter von nur fünf Jahren wurde dieser Urenkel Ludwigs XIV. am Morgen des 1. September 1715, um Viertel nach acht, König Ludwig XV. von Frankreich und Navarra.

Der Streit um die Bewertung Ludwigs XIV. war längst entbrannt, bereits Jahrzehnte zuvor. Für die Zeitgenossen lag auf der Hand, dass mit ihm eine Epoche zu Ende ging. Wie stark der Einschnitt empfunden wurde, zeigt besonders eindrucksvoll die Leichenpredigt von Jean-Baptiste Massillon (1663–1742), der bald darauf Bischof und Mitglied der *Académie Française* wurde. Er hielt es für angebracht, die Bewertungsmaßstäbe für *Louis le Grand* etwas zurechtzurücken, und begann mit den Worten: «Gott allein ist groß.» (*Dieu seul est grand.*)

Zeittafel

1589–1610	Regierungszeit des ersten Bourbonen Heinrich IV.
1598	Edikt von Nantes
1610–1643	Regierungszeit Ludwigs XIII., Richelieu Erster Minister (1624–1642)
1638, 5. Sept.	Geburt Ludwigs XIV.
1640	Geburt seines Bruders Philippe
1643	Thronbesteigung Ludwigs XIV.
1643–1651	Regentschaft von Ludwigs Mutter Anna von Österreich
1643–1661	Mazarin Erster Minister, mit kurzen Unterbrechungen
1648–1652	*Fronde:* Aufstände von Parlament und Adel gegen die Krone
1648	Konstitution der *Chambre Saint-Louis* im Parlament von Paris, Verhaftung des Parlamentsrates Broussel
13. Sept.	Erste Flucht des Königs aus Paris
24. Okt.	Westfälischer Friede: Sieg Frankreichs über den römisch-deutschen Kaiser
1649, 5./6. Jan.	Zweite Flucht aus Paris
1650	Verhaftung der Herzöge von Condé, Conti und Longueville
1651	Volljährigkeit Ludwigs XIV.
1654, 7. Juni	Krönung in Reims
1659	«Pyrenäenfrieden»: Sieg im Krieg gegen Spanien
1660	Eheschließung Ludwigs XIV. mit der ältesten Tochter des spanischen Königs, Maria Theresia
1661	Tod Mazarins, Verzicht auf Ersten Minister, Geburt des Thronfolgers
1661–1680er Jahre	Reformen unter maßgeblichem Einfluss von Colbert und Louvois
1662–1712	Ausbau des Schlosses Versailles in mehreren Phasen
1664	Französisches Truppenkontingent in der Schlacht von St. Gotthard
	Französisches Expeditionskorps in Jijel (Nordafrika)

1666/67	Krieg an der Seite des Bündnispartners Vereinigte Niederlande
1667/68	Devolutionskrieg, Friede von Aachen
1669	Französisches Expeditionskorps im Krieg um Kreta
1671	Erste Auflage von Quesnels *Réflexions morales*
1672–1678	Holländischer Krieg, Friede von Nimwegen
1673–1693	Regalienstreit mit dem Papst, 1682: Höhepunkt der Unabhängigkeit der gallikanischen Kirche vom Papst («Vier Artikel»)
1679–1697	Reunionskonflikte und Reunionskriege
1679–1681	Höhepunkt der Giftmordaffäre
1681	Einverleibung der Freien Reichsstadt Straßburg; Erwerb von Albreda (Gambia)
1682	Dauerhafte Niederlassung des Hofes in Versailles
1683	Tod der Ehefrau Maria Theresia, Heirat mit Madame de Maintenon
1683–1699	Großer Türkenkrieg, Rückeroberung Ungarns durch die Habsburger, Friede von Karlowitz 1699
1684	Bombardement Genuas
1685	Edikt von Fontainebleau: Aufhebung des Edikts von Nantes; Höhepunkt der Verfolgung des Kalvinismus
1688–1697	Pfälzischer Erbfolgekrieg (Neunjähriger Krieg, Krieg gegen die Liga von Augsburg), Frieden von Rijswik
1688/89	«Glorious Revolution» in England, Wilhelm von Oranien wird König
1699	Erste Auflage von Fénelons *Telemach*
1701–1714	Spanischer Erbfolgekrieg: 1713 Friede von Utrecht, 1714 Friede von Rastatt
1702–1704	Höhepunkt des Aufstandes in Südwestfrankreich, sog. Cevennenkrieg
1713	Bulle *Unigenitus*, Zerstörung des jansenistischen Klosters Port-Royal des Champs
1715, 1. Sept.	Tod Ludwigs XIV. in Versailles
1793	Zerstörung der königlichen Gräber in Saint-Denis
1830er Jahre	Versailles wird zum Museum, Einweihung durch den «Bürgerkönig» Louis-Philippe (1837); gewidmet *«À toutes les gloires de la France»*

Literaturhinweise

1. Deutschsprachige Literatur

Neuere Überblicksdarstellungen: K. Malettke, *Ludwig XIV. von Frankreich. Leben, Politik und Leistung,* Zürich ²2009. – L. Schilling, *Das Jahrhundert Ludwigs XIV. Frankreich im Grand Siècle 1598–1715,* Darmstadt 2010. – B.-R. Schwesig, *Ludwig XIV.,* Reinbek ⁷2010. – U. Schultz, *Der Herrscher von Versailles. Ludwig XIV. und seine Zeit,* München 2006. – A. Tischer, *Ludwig XIV.,* Stuttgart 2015. – M. Wrede, *Ludwig XIV. Biographie des Sonnenkönigs,* Darmstadt 2015.

Zu Ludwig XIV. und Europa: C. Kampmann, *Arbiter und Friedensstiftung. Die Auseinandersetzung um den politischen Schiedsrichter im Europa der Frühen Neuzeit,* Paderborn 2001. – W. Reinhard, *Geschichte der Staatsgewalt. Eine vergleichende Verfassungsgeschichte Europas von den Anfängen bis zur Gegenwart,* München ³2003.

Zur Repräsentation und ihrer Rezeption: P. Burke, *Die Inszenierung des Sonnenkönigs,* Berlin ³2009. – H. Ziegler, *Der Sonnenkönig und seine Feinde. Die Bildpropaganda Ludwigs XIV. in der Kritik,* Petersberg 2010.

Zur Literatur: H. Stenzel, *Die französische «Klassik». Literarische Modernisierung und absolutistischer Staat,* Darmstadt 1995.

Zur kolonialen Geschichte: B. Steiner, *Colberts Afrika. Eine Wissens- und Begegnungsgeschichte in Afrika im Zeitalter Ludwigs XIV.,* München 2014.

Zum «Hof als Machtinstrument»: N. Elias, *Die höfische Gesellschaft. Untersuchungen zur Soziologie des Königtums und der höfischen Aristokratie,* Frankfurt a. M. 1983. – L. Horowski, *Die Belagerung des Thrones. Machtstrukturen und Karrieremechanismen am Hof von Frankreich 1661–1789,* Ostfildern 2012.

Dazu kulturhistorisch: W. R. Newton, *Hinter den Fassaden von Versailles. Mätressen, Flöhe und Intrigen,* Berlin 2010.

2. Fremdsprachige Literatur

Biographien: P. Goubert, *Louis XIV et vingt millions de Français,* Paris 1966. – T. Sarmant, *Louis XIV. Homme et roi,* Paris 2012. – J.-C. Petitfils, *Louis XIV,* Paris 1995. – F. Bluche, *Louis XIV,* Paris 1986.

Zur körperlichen Verfassung Ludwigs: S. Perez (Hg.), *Journal de santé de Louis XIV*, Grenoble [2]2004.

Versailles: G. Sabatier, *Versailles ou la figure du roi*, Paris 1999. – F. Tiberghien, *Versailles. Le chantier de Louis XIV 1662–1715*, Paris 2002. – A. Maral, *La chapelle royale de Versailles sous Louis XIV. Cérémonial, liturgie et musique,* Wavre [2]2010.

Zur Regierungsweise: O. Chaline, *Le règne de Louis XIV,* 2 Bde., Paris 2005. – J. Duindam, *Vienna and Versailles. 1550–1780,* Cambridge 2003. – R. Hatton, *Louis XIV and Absolutism,* London 1976. – R. Mandrou, *Louis XIV en son temps 1661–1715,* Paris 1973. – T. Sarmant/M. Stoll, *Régner et gouverner. Louis XIV et ses ministres,* Paris 2010. – A. Smedley-Weill, *Les intendants de Louis XIV,* Paris 1995.

Zum Militär: H. Drévillon, *L'impôt du sang. Le métier des armes sous Louis XIV,* Paris 2006.

Zum Verhältnis Frankreich–Niederlande–England: C.-É. Levillain, *Vaincre Louis XIV. Angleterre, Hollande, France 1665–1688,* Paris 2010.

Zu den Schattenseiten: A. Zysberg, *Les galériens. Vies et destins de 60000 forçats sur les galères de France 1680–1748,* Paris [2]1991.

Zu Personen im engen Umfeld: J.-C. Petitfils, *Madame de Montespan,* Paris 1988. – S. Bertière, *Mazarin. Le maître du jeu,* Paris 2007. – S. Bertière, *Condé. Le héros fourvoyé,* Paris 2011. – M. Da Vinha, *Les valets de chambre de Louis XIV,* Paris 2004.

Zu Person und Rezeption: M. Da Vinha/A. Maral/N. Milovanovic (Hg.), *Louis XIV l'image et le mythe,* Rennes/Versailles 2014. – J. Cornette, *Mémoires de Louis XIV ou le métier de roi,* Paris 2007.

Französische Frühaufklärung: J. Israel, *A Revolution of the Mind: Radical Enlightenment and the Intellectual Origins of Modern Democracy,* Princeton 2010.

Nachschlagewerke: F. Bluche (Hg.), *Dictionnaire du grand siècle,* Paris [2]2005. – Unverzichtbar: C. Lavantal, *Louis XIV. Chronographie d'un règne,* 2 Bde., Gollion/Paris 2009. – R. Mousnier, *Les institutions de la France sous la monarchie absolue,* Paris 1974.

Das Forschungszentrum des Schlosses Versailles (CRCV) stellt auf seiner Webseite zahlreiche Quellen und wissenschaftliche Beiträge zur Verfügung: http://chateauversailles-recherche.fr/francais/ressources-documentaires.
Die Ikonographie des Spiegelsaals von Versailles und der benachbarten Salons erschließt http://www.galeriedesglaces-versailles.fr/html/11/accueil/index.html

Bildnachweis

Karte: © Peter Palm, Berlin | *Seite 6, 11, 49, 86, 118:* aus Louis XIV. L'Homme et le roi. Sous la direction de Nicolas Milovanovic et Alexandre Maral, Paris 2009, S. 201 (cat. 69), S. 221 (cat. 92), S. 179 (cat. 45), S. 154 (cat. 14) und S. 226 (cat. 97) | *Seite 51, 97, 113:* akg-images | *Seite 68:* Médailles sur les principaux événements du règne de Louis Le Grand, avec des explications historiques. Par l'académie royale des médailles et des inscriptions, Paris 1702, Privatbesitz Gérard Sabatier; | *Seite 88:* akg-images/ Nimatallah | *Seite 107, 115:* aus Hendrik Ziegler, Der Sonnenkönig und seine Feinde. Die Bildpropaganda Ludwigs XIV. in der Kritik, Petersberg 2010, S. 113 und 151.

Danksagung

Für ihre Unterstützung, Inspiration, Kritik, Korrekturen, Rat und Hinweise habe ich vielen ganz besonders zu danken: meiner Familie, Birgitte Bøggild Johannson, Kilian Harrer, Bernd Lehmann, Charles-Edouard Levillain, Marie-Thérèse Mourey, Friedrich Polleross, Gérard Sabatier, Sébastien Schick und Britta von Voithenberg sowie dem *Centre de recherche du château de Versailles*.

Personenregister